U0505045

Karl Marx

读懂

卡尔·马克思

Understanding
Karl Marx

欧阳辉 /著

人民出版社

责任编辑:洪 琼

图书在版编目(CIP)数据

读懂卡尔·马克思/欧阳辉 著. —北京:人民出版社,2022.4(2024.7重印)
ISBN 978－7－01－024591－1

Ⅰ.①读… Ⅱ.①欧… Ⅲ.①马克思(Marx,Karl 1818-1883)-传记
Ⅳ.①A711

中国版本图书馆 CIP 数据核字(2022)第 037521 号

读懂卡尔·马克思
DUDONG KAER MAKESI

欧阳辉 著

人民出版社 出版发行
(100706 北京市东城区隆福寺街 99 号)

北京中科印刷有限公司印刷 新华书店经销

2022 年 4 月第 1 版 2024 年 7 月北京第 5 次印刷
开本:710 毫米×1000 毫米 1/16 印张:14
字数:210 千字

ISBN 978－7－01－024591－1 定价:62.00 元

邮购地址 100706 北京市东城区隆福寺街 99 号
人民东方图书销售中心 电话 (010)65250042 65289539

版权所有·侵权必究
凡购买本社图书,如有印制质量问题,我社负责调换。
服务电话:(010)65250042

写在前面的话

2018 年出版《走近卡尔·马克思》后,为何又急于推出《读懂卡尔·马克思》一书? 这个问题一直陪伴着我,时而让人信心满满、激情倍增,时而令人举棋难定、犹豫不决,整个人儿不时处于困惑之境。其实,这是事出有因的,也是事出有缘的。

"能否进一步强化问题意识,聚焦马克思和马克思主义的几个关键性问题,再出一本书,用作党员、干部培训的教材",这是一些领导干部读《走近卡尔·马克思》后给我的鼓励;"可否把《走近卡尔·马克思》修改得更通俗一些,选作新入校大学生的辅助教材",这是一些高校专家学者对我的建言;"《走近卡尔·马克思》里的'五观'对我们帮助最大,能否再写'几观',展现马克思的独特视野",这是一群青年学生寄予我的期待……

每一代人有每一代人的长征路,每一代人都要走好自己的长征路。鼓励、建言、期待,既是嘉奖更是鞭策,既有压力更有动力。正处在想干事、能出活季节的我,唯有埋头耕耘、精雕细琢《读懂卡尔·马克思》,才能无愧于这个伟大的时代、这群忠实的读者。

经过认真调研、深入思考,才有了写作《读懂卡尔·马克思》的问题意识和基本思路。《读懂卡尔·马克思》主要聚焦如何理解千年第一思想家、如何拧紧人生"总开关"、如何掌握马克思主义立场观点方法、如何占据真理和道义两个制高点、如何奏响理想与友谊交响曲、如何实现事业和爱情双丰收、如何推进马克思主义中国化"七个如何",呈现世界观、人生观、价值观、革命观、爱情观、幸福观、求学观、金钱观、择友观、择业观"十观"。《读懂卡尔·马克思》,期待通过形象化、立体化的方式,展现作为顶天立地伟人和有血有肉常人的马克思,展现跨越历史长河、具有永恒魅力的马克思主义,让读者在潜移默化中走近马克思,与马克思心灵相通、情感共鸣,从而更好地读懂马克思、追随马克思,继承和发展马克思主义。

青年毛泽东说过"欲动天下者,当动天下之心",真可谓"一语中的"。我们常常手机不离手、"一屏"览天下,眼疲手倦之时,有没有回首往事,是哪个人、是哪句话,让你记忆犹新、把你激励至今。我曾亲身经历过、体验过,但不是在昨天或今天,而是在"梦醒时分"。7岁那年,父亲一句"你可要走出这个小村庄",让一个懵懂少年开始仰望蓝天,沉醉于追赶"天际线",梦想成为"天之骄子"。我是一个"幸运儿",不仅梦想成真,2004年还调入空军军以上机关工作,当看到一位将军为14岁儿子写的"励志篇"时,却把我读成一个"泪人儿"。2014年,读到陈云1970年给女儿陈伟华的一封"家书",那是我马克思主义哲学的"启蒙书"。

时光易逝,我的孩子已跨进大学门槛,我真心希望《读懂卡尔·马克思》中有些话、哪怕是一句话,能够真正打动像他一样的"00后"。当然,青年不只是年轮和数字的"符号",更是一种"年青心态"。敬仰马克思、信仰马克思主义,随时准备走近马克思的"年轻人",如果从《读懂卡尔·马克思》中能够有所启发,那就是我的收获、喜悦和幸福!

北京信息科技大学本科生欧阳纬柠,参加了本书的资料收集、修改等工作。由于水平有限,撰写《读懂卡尔·马克思》过程中,难免挂一漏万,敬请读者指正,以期不断完善。

欧阳辉

2021 年 10 月 1 日于北京金台园

目　录

第一章　如何理解千年第一思想家

想理解一个人的思想，就要了解这个人，而想了解这个人，就要了解他所处的社会、时代及其人生阅历。马克思当时处在一个什么样的社会，那个时代有着什么样的特征，他是一个什么样的人？马克思首先是一个革命家，立志做资本主义制度的"掘墓人"。在纪念马克思诞辰200周年大会上，习近平总书记指出，马克思是全世界无产阶级和劳动人民的革命导师，是马克思主义的主要创始人，是马克思主义政党的缔造者和国际共产主义的开创者，是近代以来最伟大的思想家。

一、马克思是一个什么样的人

中国古人主张"知人论世"，如孟子有言：

"颂其诗,读其书,不知其人,可乎?是以论其世也,是尚友也。"清代学者章学诚说过:"不知古人之世,不可妄论古人之辞也。知其世矣,不知古人之身处,亦不可以遽论其文也。"其大意是说,想理解一个人的思想,就要了解这个人,而想了解这个人,就要了解他所处的社会、时代及其人生阅历。可见,想理解马克思的思想理论,就不得不了解马克思是一个什么样的人,不得不了解马克思所处的那个社会和时代,不得不了解马克思的人生阅历。

中国一些地方有个风俗,婴儿出生后不久,请风水先生看生辰八字,给婴儿起名字。单从这种带有封建迷信色彩的数字语言学来看,马克思出生在一个无比"吉利"的年份:1818 年。

这一年,是大清嘉庆二十三年。按照中国天干地支纪年法,是戊寅年。所以说,马克思是属虎的。

如果还想知道更多八卦,马克思的血型是 O 型,星座是金牛。

 布袋小知识

让我们一起来看看,马克思跟哪些"牛人"同龄吧!

1818 年 2 月 26 日,中国化学家徐寿出生;7 月 30 日,《呼啸山庄》作者、英国小说家艾米丽·勃朗特出生;11 月和 12 月,俄国现实主义作家屠格涅夫和英国物理学家焦耳又相继出生。

然而,所有这些历史人物都不及这一年 5 月 5 日来得光辉绚丽,因为在这一天,卡尔·马克思出生了。

历史在不经意间埋下伏笔,在整整 101 年后的 1919 年,马克思诞辰日的前一天,发生了改变中国历史进程的五四运动。

如果马克思要填写学籍表格的话,他的籍贯该怎么填写呢?

大中小学的历史和政治课本里面都清一色地写着:马克思的故乡是莱茵省小镇特里尔。

正确的填法似乎应该是,姓名:卡尔·海因里希·马克思;性别:男;国籍:德国;籍贯:莱茵特里尔。

事实果真如此?

非也!非也!真实情况是,马克思出生的时候,还没有真正意义上的德国。"铁血首相"俾斯麦统一德意志帝国,是在 1871 年。那年,马克思已是 53 岁的"老爹"。他那时在英国,是伦敦受诽谤最多、受威胁最大的人,是公开支持巴黎公社运动的国际工人运动"大老板"。

那么说马克思是普鲁士人?籍贯应当填写普鲁士?这样也不妥。原因很简单,如今普鲁士这个国家早已被开除"地球籍"。第二次世界大战结束后,连德国的普鲁士省也被取消了。

考证马克思出生的家乡特里尔,公元 293 年成为罗马帝国的西部首都。但在随后的 1500 年里逐渐衰败,直到 1794 年拿破仑的军队开到这里,才开始轰轰烈烈的共和革命。1797 年,特里尔作为莱茵联邦的一部分,正式并入法兰西共和国。

所以说,就像卢梭不是法国人而实际上是日内瓦人一样,马克思原本是法国人,而不是德国人。

当然,不能说课本上马克思籍贯是错误的,因为按照特里尔现在的归属国来说,他确实是德国人。

不过,马克思本人好像不太在乎自己的国籍,因为他在很长一段时间内,实际上变成了一个无国籍人士。

倘若有人问:马克思最大的爱好是什么?那就是"啃书本",因而有了出奇的渊博。马克思的大脑就像升火待发的军舰,准备随时开向任何思想的海洋。他对一系列重大问题的研究动因、判断依据和分析结论,直接源于 19 世纪的社会矛盾和革命实践,来自对人类历史的深邃思考。时至今日,只有了解他考察和认识欧洲资本主义发展状况的经历,了解他参与和指导无产阶级革命斗争的史实,了解他在浩如烟海的典籍中披沙拣金的历程,才能读懂马克思著作的背景、思路、意蕴和风格,才能理解一个真正的马克思。

马克思留给后人的精神财富,不仅是卷帙浩繁的著作,还有他感人至深的风范。在数十年风雨兼程的跋涉中,显现的信念、风骨、胸襟、情怀,是马克思用生命写成的一部内涵丰富的"无字书"。这本"无字书"和那些形诸文字的著述融为一体,成就马克思的伟大人生,全面反映了马克思的人生境界。

马克思的一生,是胸怀崇高理想、为人类解放而不懈奋斗的一生,是不畏艰难险阻、为追求真理而勇攀思想高峰的一生,是为推翻旧世界、建立新世界而不息战斗的一生,是一部富有传奇色彩的壮丽史诗。他的生命历程虽艰辛,但内容丰富,即便撰写一部多卷本的专著,也未必能纤悉无遗地阐述详尽。因此,非常有必要围绕马克思生命历程中最能体现其本质特征的重要事实,来认识理解马克思到底是一个什么样的人,这样才能比较完整地读懂这位全世界无产阶级和劳动人民的革命导师、马克思主义的主要创始人、马克思主义政党的缔造者和国际共产主义的开创者、近代以来最伟大的思想家。

倘若有人问:马克思最鲜明的特点是什么?那他本人作了简洁而明确的回答:目标始终如一。早在中学时期,马克思就开始思考人生目标问题,表示要在未来选择最能为人类而工作的职业。他在孜孜不倦的理论研究和社会实践中度过青春岁月,实现了从唯心主义向唯物主义、从革命民主主义向共产主义的彻底转变。正是这时,马克思清晰地认识到,所谓最能为人类而工作的职业,就是为工人阶级和劳动群众的解放而奋斗。从那以后,马克思的生命之舟始终如一地朝着这个目标破浪前行。

马克思的父亲亨利希·马克思是一位才能出众的律师,父系有五代是犹太拉比,既有钱又有才的家庭。他的母亲罕丽·普列斯堡是荷兰裔,一位贤惠的妇女,也出生于拉比家庭。

马克思自幼好学、善于思考,6岁时上了特里尔市一所重点实验小学,12岁时以优异成绩考上本市第一中学。17岁时考入波恩大学法律专业学习,一年后转学柏林大学,主修哲学。

23岁时,才华横溢的马克思通过匿名答辩获得博士学位。他的博士论文《德谟克利特的自然哲学和伊壁鸠鲁的自然哲学的差别》,以哲学的形式参与反对当时普鲁士专制制度和宗教的斗争。1841年秋,马克思刚跨出大学校门时,早期社会主义活动家莫泽斯·赫斯在给朋友的信中这样介绍马克思,"无论在思想上或在哲学精神的发展上都不仅超过了施特劳斯,而且超出了费尔巴哈";并说:"请你想象一下,卢梭、伏尔泰、霍尔巴赫、莱辛、海涅和黑格尔结合成一个人(我说的是结合,不是混合)——这将会使你得到一个关于马克思博士的概念。"①这

① 陈先达:《伟大的马克思——做新时代马克思主义者》,天津人民出版社2019年版,第23页。

意味着,青年马克思已具有法国最激进的民主主义思想、德国深刻的哲学思想和诗人气质。

24 岁时,马克思主编《莱茵报》,因禀赋聪颖、才华卓异、文笔犀利而驰誉学林。1842 年 5 月,当马克思评论莱茵省议会关于出版自由辩论的第一篇文章在《莱茵报》发表后,得到德国政论家阿尔诺德·卢格的赞扬:"如此学识渊博、如此大智大慧、如此善于掌握被常人弄得混乱不堪的问题。"①

25 岁时,马克思不仅写下《黑格尔法哲学批判》,向德国哲学界最权威人物黑格尔的国家观发起挑战,还迎娶比自己大四岁的"魔法公主"燕妮。这个貌美如花的姑娘,是男爵、普鲁士政府枢密顾问官的女儿。

用中国传统文化讲,青年马克思真可谓金榜题名、洞房花烛、生活优渥、激扬文字……

夫复何求?

世俗地说,马克思走在一条康庄大道上,正在走向人生巅峰。

想象一下这样的人生:朋友圈几乎都是达官贵人,灿烂前程如平坦大道一般展开,美好未来正扑面而来。沿着这条平坦大道走下去,马克思按理说不应成为全世界无产阶级和劳动人民的伟大导师,而应成为马克思爵士、马克思行长、马克思部长,最不济也会成为马克思教授。

然而,从那时起,马克思仿佛预谋已久地轻易抛弃了那些唾手可得的荣华富贵,从此开始了 40 年的流离失所、40 年的笔耕不辍、40 年的革命斗争。等待他的命运是一贫如洗、儿女夭殇,昔日家产万贯的"富二代"沦为"求乞者",风华绝代的贵族小姐为一口面包不得不反复典当祖母的婚戒,原本可以享受优渥生活的儿女,先后有三个因病过早夭

---

① [苏]纳尔斯基等编:《十九世纪的马克思主义哲学》(上册),全顺福、贾泽林等译,中国社会科学出版社 1984 年版,第 47 页。

折,以至于连丧葬费都是借来的⋯⋯

马克思怎么了?

常识、经验、理性,完全不能解释马克思的命运,更不能解释马克思仿佛是自讨苦吃的选择。

但是,这一切的一切肯定事出有因,是有原由的。

唯一能解释这一切的一切,也许是马克思在博士论文中振聋发聩的发现:知识不是来自经验,也不是来自理性,因为知识,就来自凝视他人的目光,倾听他人的呼吁,并立志为他人做些什么。

加官晋爵、锦衣玉食之事,于马克思,皆浮云耳。从个人功利得失来说,马克思自 25 岁起的人生是失败的;就家庭幸福安康而言,马克思不是一个合格的儿子,更称不上是一名称职的丈夫和孩子们可以从物质上依靠的父亲。

看看马克思在完成《资本论》第一卷时,致齐格弗里特·迈耶尔的回信,我们就会读懂其心路历程。1867 年 4 月 30 日,马克思写道:

"那末,我为什么不给您回信呢? 因为我一直在坟墓的边缘徘徊。因此,我不得不利用我还能工作的每时每刻来完成我的著作,为了它,我已经牺牲了我的健康、幸福和家庭。"①他说道:"我嘲笑那些所谓'实际的'人和他们的聪明。如果一个人愿意变成一头牛,那他当然可以不管人类的痛苦,而只顾自己身上的皮。但是,如果我没有全部完成我的这部书(至少是写成草稿)就死去的话,我的确会认为自己是不实际的。"②

忘我地加紧学习和研究,让马克思在逝世前完成了其毕生主要著作《资本论》第一卷和第二、三卷的初稿。

如此巨大的牺牲,却丝毫没有改变马克思的初衷。马克思用铿锵

① 《马克思恩格斯全集》第 31 卷,人民出版社 1972 年版,第 543 页。
② 《马克思恩格斯全集》第 31 卷,人民出版社 1972 年版,第 544 页。

有力的语言向世界宣布:"我必须不惜任何代价走向自己的目标,不允许资产阶级社会把我变成制造金钱的机器。"①

如果有一句能够解释让马克思这样励志的话,那么将是哪句话呢?马克思说过:"在科学上没有平坦的大道,只有不畏劳苦沿着陡峭山路攀登的人,才有希望达到光辉的顶点。"②血性男儿马克思说到做到,决不放空炮、发哑弹。他为创立马克思主义这一科学理论体系,付出常人难以想象的艰辛,最终达到了光辉的顶点。

马克思自称"吃书的机器",从整个人类科学史来看,他是当之无愧的伟大科学家。马克思研究领域非常广阔,不仅深入了解和研究哲学社会科学各个学科知识,而且深入了解和研究各种自然科学知识,努力从人类创造的一切文明成果中汲取养料。他毕生忘我工作,经常每天工作 16 个小时。即便在多病的晚年,马克思仍不断迈向新的科学领域和目标,致力于研究古代社会和东方社会,写下了《人类学笔记》。正如恩格斯所说:"马克思在他所研究的每一个领域,甚至在数学领域,都有独到的发现,这样的领域是很多的,而且其中任何一个领域他都不是浅尝辄止。"③

马克思长年累月孜孜不倦、夜以继日地从事研究工作,加之反动势力无休无止地迫害,使得本来极为复杂的研究工作,更加举步维艰。这种种困难,在马克思撰写《资本论》的过程中表现得尤为突出。《资本论》的写作长达 40 年,马克思先后阅读 2000 多册有关的经济学著作,4000 多种报刊以及大量官方文件和蓝皮书,数易其稿,留下大量手稿,但他从未沮丧气馁、畏葸不前,反而以更严谨缜密的态度对待《资本论》的创作。就在这一时期,马克思患了严重的肝病,而在这种情况下,他最担心的不是身体的健康,而是作品的质量。

马克思就是马克思,以惊人的毅力实现了自己的誓言。恩格斯常

---

① 《马克思恩格斯全集》第 29 卷,人民出版社 1972 年版,第 550—551 页。
② 《马克思恩格斯全集》第 23 卷,人民出版社 1972 年版,第 26 页。
③ 《马克思恩格斯选集》第 3 卷,人民出版社 2012 年版,第 1003 页。

怀着无比感动的心情,谈到马克思对待理论工作极端负责的精神。1890 年 8 月 5 日,在给康拉德·施米特的回信中,恩格斯写道:"他们竟不知道马克思认为自己的最好的东西对工人来说也还不够好,他认为给工人提供不是最好的东西,那就是犯罪!"①

今天,人们很难想象马克思当年在创作时遇到过多少困难,忍受过多么剧烈的痛楚。然而,不管境况多么艰难,马克思总是坚定而自信地表示:我希望为我们的党取得科学上的胜利。1883 年 3 月 17 日,恩格斯站在亡友的墓前发表悼词时,称马克思是"科学巨匠"。马克思的《哲学的贫困》《共产党宣言》等著作之所以具有永恒的魅力,是因为这一系列著作,不仅思想精湛,而且文笔优美,宛如"艺术的整体"。可是又有多少人知道,这些著作中的每一句话、每一个字,甚至每一个标点,都凝结着一位"千年第一思想家"的深思与深情、汗水和泪水。

倘若有人问:那用一句什么样的话,最能表达马克思坚韧的人格和刚毅的性格,勇于并善于为战胜人生逆境而奋斗呢?

逆水行舟、顶风翱翔,是马克思数十年如一日斗争经历和艰苦生活的写照。

马克思深知,一个在《共产党宣言》中庄严宣告资本主义必然灭亡的人,一个在《资本论》中周密论证剥夺者必将被剥夺的人,一个率领劳苦大众向资本主义制度发起凌厉攻势的人,不可能在"资产阶级一统天下"的社会里顺风顺水、安稳度日。不当顺民,必陷逆境;不愿顺从,必遭厄运。这就是在那个标榜所谓"自由、平等、博爱"的社会里,马克思面临的必然抉择。

马克思表达了人类多少世纪期待的没有剥削、没有压迫、人人平等,过着美好幸福生活的愿望。早在 2000 多年前,我国《诗经》中《伐檀》《硕鼠》表达的就是对剥削者、压迫者的怨恨和诅咒,而《礼记·大

---

① 《马克思恩格斯全集》第 37 卷,人民出版社 1972 年版,第 433 页。

同》表达了人们对美好生活的向往。不仅中国，从16世纪英国人莫尔的《乌托邦》，到19世纪法国人圣西门、傅立叶和英国人欧文三大空想主义者的《一个日内瓦居民给当代人的信》《宇宙统一论》《新社会观》等著作，世界社会主义思潮已延续500多年。马克思缔造的社会主义和共产主义理想，继承和发展了这些思想。所以，马克思平生最厌恶的丑行是"逢迎"，普鲁士政府曾先后3次派人劝说他进政府任职，都被其断然拒绝。因为，信念、血性和良知都不允许马克思背弃工人阶级，转而归顺和趋附于统治者。仅从这一点上就能看出，马克思是一个为绝大多数人的幸福奋斗了一生的伟人。

这样一来，马克思成了当时最遭嫉恨和最受诬蔑的人，致使其生命航程遭遇逆流和暗礁，所面临的艰险比常人更加严酷。在谈到马克思的一生经历时，恩格斯说过：

> 现在他逝世了，在整个欧洲和美洲，从西伯利亚矿井到加利福尼亚，千百万革命战友无不对他表示尊敬、爱戴和悼念，而我可以大胆地说：他可能有过许多敌人，但未必有一个私敌。①

马克思从来没有因为私事、私利、私心而与人结怨，作为劳苦大众的代言人，他是在向整个统治阶级宣战。正因如此，马克思的铮铮铁骨就更令人惊叹和赞佩。

马克思的一生大都在荆棘丛生的道路上果敢行进，无数动人的故事折射出他的人格光辉。对于一般人来说，能在险象环生的境遇中活下来已属不易，而马克思不仅坚强地活着，而且活出了人生的精彩。他不降其志、不辱其身，在立德、立功、立言方面，均作出了不朽的贡献。老子曰："不自见，故明；不自是，故彰；不自伐，故有功；不自矜，故长。"老子称这种人为圣人，而马克思就是工人阶级的圣人。

---

① 《马克思恩格斯选集》第3卷，人民出版社2012年版，第1004页。

有人会问:那是什么东西一直在支持、激励着马克思? 最有说服力的是,乐观、自信为丰富生命内涵而努力奋斗。

当时的社会上有一种十分有趣的现象:资产阶级统治者在对马克思不断施加迫害时,总以为他必定终日生活在愁云惨雾之中;而让他们根本想不到的是,在种种钳制和攻讦下,马克思依然意气风发、活力四射、豁达开朗。

马克思善于在逆流袭来时,从容不迫地理顺思路、理顺心绪、理顺各种事物之间的复杂关系,善于在寒冷的荒原上,构筑起生意盎然的精神家园。在他的精神家园里,深植着对工人阶级和人类解放事业的必胜信念,始终占据真理和道义的制高点;融汇着对革命战友的深情厚谊,在工人运动中,马克思享有崇高威望,可他始终把自己定位为同大家患难与共、风雨同舟、相互砥砺的战士;洋溢着书卷的墨香,通过博览群书、研精覃思,马克思始终站在理论和学术的制高点;蕴含着对艺术和自然的热爱,马克思钟情于优秀的文学作品,酷爱音乐、绘画和雕塑,向往山川、原野和大海,并把这一切视为陶冶情操、开阔胸襟的宝藏。

马克思的精神家园说不完,道不尽。在他的身上,既有战士的坚毅品格,又有学者的严谨作风,还有诗人的满腔激情。孔子曰:"岁寒,然后知松柏之后凋也。"在我国,松柏向来是不惧严寒、顽强不屈、坚忍勇武的象征。中华民族历来崇仰的理想人格,在马克思身上得到了完美体现。

"会当凌绝顶,一览众山小。"马克思的坚定立场、崇高信念、献身精神和磊落胸怀,让他总能以磅礴浩然之气,去领略人生的无限风光。

有人或许会问:马克思长得潇洒吗? 是不是帅哥一个?

毛泽东曾形象地比喻说,几千年以后看马克思,就像现在看孔夫子。还别说,马克思与孔夫子的身材真有得一比。马克思中等身材,双肩结实而宽阔,前额宽大而优美,眼睛炯炯有神,用一位监视过他的密探的话说,"闪烁着超自然的魔力"。他两颊长满又密又黑的胡子,头发蓬松,犹如披着狮鬃。这种面色黝黑的印象,使他有了"摩尔"这个绰号,而那些并不比他年轻多少的朋友,也因此叫他"马克思老爹"。

像孔子一样,同身长相比,马克思两腿略短,这是犹太人和中国人常见的情形。马克思是名副其实的"坐着的巨人",他不仅为了写书而经常坐着,而且在坐着的时候显得身材更高一些。

马克思给人们留下的最有价值、最具影响力的精神财富,就是以他名字命名的科学理论——马克思主义。这一理论犹如壮丽的日出,照亮了人类探索历史规律和寻求自身解放的道路。太阳孕育万物的能力,是由万物的生长来证明的。马克思主义深刻改变了中国,中国也极大丰富了马克思主义。

1938年,毛泽东指出:"如果我们党有一百个至二百个系统地而不是零碎地、实际地而不是空洞地学会了马克思列宁主义的同志,就会大大地提高我们党的战斗力量,并加速我们战胜日本帝国主义的工作。"①今天,我们正意气风发向着全面建成社会主义现代化强国的第二个百年奋斗目标迈进,只有从马克思身上,从马克思主义中汲取把握正确航向的智慧和经受风雨、搏击风浪的勇气,使自己的人生更富有蓬勃的朝气和厚重的价值,才能无愧于祖国和人民,无愧于这个伟大的新时代。

二、马克思首先是一个革命家

恩格斯说马克思首先是一个革命家,"斗争是他的生命要素。很少有人像他那样满腔热情、坚韧不拔和卓有成效地进行斗争"。② 实质上,这也是1883年马克思逝世后的一种国际性评论。《科伦日报》的

① 《毛泽东选集》第二卷,人民出版社1991年版,第533页。
② 《马克思恩格斯选集》第3卷,人民出版社2012年版,第1003页。

社论称赞马克思是"无私无畏的工人阶级的解放者",布达佩斯的《工人纪事报》赞誉马克思是"推动地球运转的最卓越的人物之一"。①

历史上有过许多著名的革命家,但他们并非伟大的思想家;也有过许多卓越的思想家,但他们并非代表被压迫阶级的革命家。马克思既是伟大的革命家,又是伟大的思想家。他的革命道路,历经从争取精神自由到争取物质利益,从为知识分子、农民辩护到探求私有制和雇佣劳动的本质,从争取政治解放到争取人类解放的过程。为改变劳苦大众受剥削、受压迫的悲剧命运,他创立革命理论,缔造革命组织,参加革命斗争,实现了革命家和思想家的珠联璧合。

1883 年 3 月,恩格斯在致威廉·李卜克内西的信中说:"我们之所以有今天,都应归功于他;现代运动当前所取得的一切成就,都应归功于他的理论的和实践的活动;没有他,我们至今还会在黑暗中徘徊。"②在这里,恩格斯三次提到的他,就是伟大的社会革命家和社会科学家——马克思。

革命性和科学性的统一,是马克思的人格特征,也是马克思主义理论的本质特征。为了改变人民受剥削、受压迫的命运,马克思义无反顾地投身轰轰烈烈的工人运动,始终站在革命斗争最前沿。1847 年,他领导创建起世界上第一个无产阶级政党——共产主义者同盟;1864 年起,他领导了世界上第一个国际工人组织——国际工人协会,通称"第一国际";1871 年,他支持世界上第一次工人阶级夺取政权的革命——巴黎公社革命,满腔热情、百折不挠推动各国工人运动发展。

起来,饥寒交迫的奴隶!

起来,全世界受苦的人!

---

① ［美］菲利普·丰纳编:《马克思逝世之际——1883 年世界对他的评论》一书中各报刊社论,王兴斌译,北京出版社 1983 年版。

② 《马克思恩格斯全集》第 35 卷,人民出版社 1972 年版,第 457 页。

满腔的热血已经沸腾,

要为真理而斗争!

旧世界打个落花流水,

奴隶们起来,起来!

不要说我们一无所有,

我们要做天下的主人!

……

这是最后的斗争,团结起来到明天,

英特纳雄耐尔就一定要实现!

2018年6月15日11时30分,庆祝《人民日报》创刊70周年纪念大会,在雄壮浑厚、气势磅礴的《国际歌》中拉开了帷幕。许多人也许跟我一样,心里竖着一堆问号:曾经作为第一国际和第二国际会歌的《国际歌》是怎样产生的?适合在什么场合演唱?当今《国际歌》需要像红歌一样传唱吗?

带着拉直问号,我们不妨来了解《国际歌》的创作背景。1870年至1871年,法国同普鲁士发生战争,史称"普法战争"。法军战败,普军兵临巴黎城下。当时的法国政府对外屈膝投降,对内准备镇压人民。1871年3月,政府军队同巴黎市民武装——国民自卫军发生冲突,导致巴黎工人起义爆发。起义工人很快占领全城,赶走了资产阶级政府。不久,人民选举产生了自己的政权——巴黎公社。随后,资产阶级政府对巴黎公社发起进攻。5月21日至28日,公社战士同敌人展开激烈巷战,3万多名战士壮烈牺牲,史称"五月流血周"。28日,巴黎公社以失败告终。

巴黎公社失败后不久,欧仁·鲍狄埃创作了诗歌《英特纳雄耐尔》,又译《国际工人联盟》,该诗歌曾使用《马赛曲》的曲调演唱。1888年,法国工人作曲家皮埃尔·狄盖特为《英特纳雄耐尔》谱写曲子,《国际歌》创作完成。

布袋小知识

　　《国际歌》的词作者欧仁·鲍狄埃,就是一位幸存的巴黎公社领导人。他热情讴歌了巴黎公社战士的崇高理想和英勇不屈的革命精神。

　　1871年4—5月,马克思撰写的《法兰西内战》,就是对巴黎公社经验和教训的深刻总结。

　　说到《国际歌》的诞生,我们应当了解巴黎公社与马克思的关系,从而认识马克思的革命观。而了解马克思的革命观,有必要读读马克思的《法兰西内战》。在无产阶级运动史上,《法兰西内战》具有崇高地位和重大价值。恩格斯指出,马克思对巴黎公社经验的总结体现其"惊人的才能"。列宁认为,这是马克思主义在国家问题上的最高成就。

　　在《法兰西内战》中,马克思通过对巴黎工人斗争和巴黎公社原则、经验、教训、实质的全面阐释,提出了一系列关于无产阶级国家政权建设的思想。其中,制止腐败,建设廉洁新政权,打造以为民、民主、责任、清廉为核心的廉洁政府,是《法兰西内战》的主线与核心,也是马克思政治伦理思想的重要体现。这部经典著作提出和倡导的廉政思想,注重结合政治伦理的政治价值理念、政治制度伦理、政治主体伦理、政治生活伦理四个逻辑层次进行解读,对保证共产党人清正廉洁的政治本色,建设服务、法治、责任和廉洁政府,均具有重要的理论指导价值。

　　《论语》载:"子在川上,曰:逝者如斯夫,不舍昼夜。"古希腊哲学家赫拉克利特也有过类似说法,"濯足长流,举足复入,已非前水!"时光如流水,一个半世纪一晃而去。2012年以来,中国共产党坚定不移从严管党治党,谋划部署"四个全面"战略布局,对关乎中国特色社会主义发展的根本性问题作出顶层设计;深化党和国家机构改革,把党的领导落实到治国理政全过程各方面;以改革创新精神抓党的建设,强化管党治党政治责任,坚持思想从严、监督从严、执纪从严、治吏从严、作风从严、反腐从严,党把方向、谋大局、定政策、促改革的能力不断提高。这与《法兰西内战》中的内容,何其相似乃尔。可见,马克思的才华何等惊人,其革命理论至今充满生机与活力。

让我们把视线拉回到1870年秋天的那个晚上,暴风雨席卷着整个英格兰岛。马克思在自己的书房里来回踱步,坐在一旁的恩格斯,沉默不语。他们所牵挂的事情,正是远在伦敦四百多公里外的巴黎。

这个时候,普法战争已见分晓。悍然发动战争的法国皇帝拿破仑三世下令投降,第二帝国随着皇帝成为普鲁士人的阶下囚而崩溃。愤怒的巴黎市民奔走呐喊,要求打倒帝制。然而,以梯也尔为首的反动政府,同"铁血首相"俾斯麦签订了割地赔款的和约。

马克思已预料到,这个反动政府必然会背叛巴黎市民,到时整个法国均无还手之力。他通过"第一国际"发出号召,要求法国工人行动起来,保卫自己的祖国,保卫巴黎。

事情果然朝着马克思所预想的方向发展。有人一定会说,马克思果真料事如神!其实,这主要源于马克思一直以来的勤学习、多思考,善分析、会总结。

如果我们细看一下普法战争就会发现,普鲁士并不满足于法国皇帝的投降。1870年9月19日,普军包围巴黎。多年来不断加剧的贫富分化,加上战时的食物短缺,还有普军的炮轰,终于激化了法国社会各界的不满情绪。巴黎市民尤其是工人阶级和下层中产阶级,都希望建立起一个民主共和国。其中,一个比较明确的要求是,巴黎应该自治,拥有自己的经选举产生的议会,但一直被政府出于对"不法"平民的担心而拒绝;另一个与此相联系又不那么明确的愿望是,谋求以一种更加公平的,甚至以社会主义的方式来管理国家经济。这一个要求和一个愿望,汇总起来变成一句口号:建立一个社会主义民主共和国。

1871 年 1 月，德军围城四个月后，执政的法国国防政府谋求与新宣告成立的德意志帝国签订停火协定。而德国人要求在和平协定里加入一条：让德国军队以凯旋仪式进入巴黎。"士可杀，不可辱。"尽管被重重围困，但许多巴黎市民仍非常愤慨，坚决反对德国人以任何仪式宣布对巴黎的占领。

当时，一个被称作法国国民自卫军的市民部队，已拥有 30 多万巴黎市民。国民自卫军选举了自己的官员，均来自工人阶级，包括激进分子和主张社会主义的领导者。他们还组建起"中央委员会"，包括爱国主义者和社会主义者，共同保卫巴黎，击败德国人的进攻；保卫共和政体，防止帝制复辟。

战争总得分出胜负，这合乎历史发展逻辑。巴黎人民在失败面前无所畏惧，准备同德军血战到底。在德军进入巴黎前，依靠普通工人协助，国民自卫军已设法把一批大炮搬离德军必经之路，保存在一些相对安全地方。其中一个主要的"大炮公园"，就在蒙马特尔高地。

以梯也尔为首脑的临时政府，意识到在这种不稳定形势下，"中央委员会"已形成另一个政治和军事权力的中心。工人们会不会用国民自卫军的武器把自己武装起来，并激怒德国人，是他的另一份担忧。

1871 年 3 月 18 日，对于巴黎来说注定是一个不眠之夜。梯也尔把临时政府的军队调到蒙马特尔高地和梭蒙高地，企图夺取国民自卫军的 417 门大炮。可搬运大炮的动静，惊醒了附近的居民，他们的行踪暴露，居民们到处敲响警钟。当晚，国民自卫军控制了巴黎政府机关和塞纳河上的桥梁，临时政府官员仓皇出逃凡尔赛。工人们取得革命胜利，整个巴黎回荡着"公社万岁"的高呼声，自由的旗帜在市政厅上空高高飘扬，无产阶级第一次夺取了政权。

这一年，马克思 53 岁，已是知天命之年。巴黎，这个他流亡生涯中 3 次居住过的地方，这个他成长为共产主义者的地方，此时此刻令他焦急万分。

捷报终于飞来，马克思的担心稍有缓解。虽然巴黎公社未能充分把握时机彻底消灭反革命势力,但巴黎公社的革命力量使他备受鼓舞,让他疑虑一扫而空。4月12日,在给路德维希·库格曼的信中,马克思感慨万千:"这些巴黎人,具有何等的灵活性,何等的历史主动性,何等的自我牺牲精神!"①他指出"在忍受了六个月与其说是外部敌人不如说是内部叛变所造成的饥饿和破坏之后",巴黎工人在普军的刺刀下起义了,好像法国和德国之间不曾发生战争似的,好像敌人并没有站在巴黎的大门前似的!他还深情地赞叹,历史上还没有过这种英勇奋斗的范例!可让人好笑的是,时下仍有人质疑马克思的这一认识,是在巴黎公社之后才形成的。

让马克思推崇备至的巴黎公社,到底是一个怎样的存在?由工人阶级管理的巴黎与资产阶级统治的巴黎,到底有什么不同?

巴黎公社第一个措施是建立起人民武装,以取代资产阶级的常备军和警察。从此,人民做了公社的真正主人。多年积存的遍布巴黎各个角落的垃圾,几乎一夜之间就被清理完毕。在巴黎公社管理的短短几天,城市第一次干净整洁、夜不闭户,面包的供应从来没有发生短缺。整个公社的存在期间,也没有发生一起刑事案件。让人不得不联想起"夜不闭户、路不拾遗",这与唐朝的"贞观之治"可媲美!

为什么无产阶级接管的巴黎会发生如此巨大变化?在《法兰西内战》中,马克思详细分析了这一人类有史以来新的政治形式。巴黎公社令曾处于社会底层、受压迫和剥削最为严重的工人,第一次用实际行动证明了无产阶级完全可以靠着自我管理建造一个完全不同的国家,而这个国家形式打碎了旧的国家统治机器。巴黎公社的伟大成就,向世界各国人民展示了无产阶级专政所蕴含的巨大创造力。

令人遗憾的是,巴黎公社仅仅存在72天后,就被反动阶级"围剿"了。敌军将巴黎团团包围,巴黎公社的战士们与敌人展开异常激烈的街垒战,最终于拉雪兹公墓决一死战。战士们高呼"公社万岁",纷纷

---

① 《马克思恩格斯全集》第33卷,人民出版社1972年版,第206页。

倒在敌人的枪林弹雨中。让人匪夷所思的是,梯也尔竟然下令在一周之内枪杀了两万名手无寸铁的男人、妇女和儿童,真是可悲又可耻!

以史为镜,可以知兴替。反思巴黎公社的失败,马克思认为它"浪费了宝贵时间"去组织民主选举,而不是迅速地消灭凡尔赛军,是一件非常遗憾的事情。经济基础决定上层建筑,经济上不独立一切都是枉然。法兰西国家银行就位于巴黎市,存放着数以十亿计的法郎,巴黎公社却对此原封不动,也未派人保护。马克思认为应该毫不犹豫地全部没收银行的资产,巴黎公社为了防备谴责而选择不去没收银行的资产,结果银行资产被反动派搬运至凡尔赛,用来武装其军队。

巴黎公社是无产阶级推翻资产阶级统治,建立无产阶级专政的一次伟大尝试,是无产阶级革命史上的一个光辉节点。巴黎公社虽然失败了,但其功绩不可磨灭。巴黎公社成员高扬起国际主义精神,把工人运动的事业推向高潮。《国际歌》充分展示深受剥削、压迫、折磨的工人可以联合起来,形成巨大的威力,开创了人类社会的全新历史。

巴黎公社的伟大实践,丰富了马克思主义关于无产阶级革命和无产阶级专政的学说,为国际社会主义发展提供了宝贵的经验教训。1917年的俄国十月革命,正是吸取巴黎公社失败的惨痛教训,坚决防止外部资本主义帝国的集体侵略和内部反动政权的阴谋颠覆,才没有在关键时刻掉链子,才取得了伟大胜利。

共产主义者、左翼社会主义者和无政府主义者,都把巴黎公社视为解放社会的原型或者预示,因为其政治系统是基于包括草根阶层在内的人人参与的民主。正是那些生活在资本主义社会最底层的人们,纷纷涌向历史舞台最前沿,展示了自己改造社会、创造历史的巨大力量,让马克思一再表明共产主义不是什么乌托邦,而是现实的运动。马克思鲜明地指出,"巴黎公社的原则是永存的!"[①]这不仅是对社会主义革

---

① 　陈先达:《伟大的马克思——做新时代马克思主义者》,天津出版传媒集团、天津人民出版社2019年版,第41页。

命的理论思考，更是对社会主义革命胜利充满无限的信心，深化了马克思的革命观。

革命的概念由来已久，在古代中国，就有"汤武革命"的提法。近代以来，革命一词被广泛使用，但对革命的解释各不相同。恩格斯曾热情赞扬文艺复兴时期涌现的"巨人"：

> 有人用舌和笔，有人用剑，有些人则两者并用。因此他们具有成为全面的人的那种性格上的丰富和力量。书斋里的学者是例外：他们不是二流或三流的人物，就是唯恐烧着自己手指的小心翼翼的庸人。①

真正用笔和剑进行战斗，不怕烧着自己手指，具有性格上完整和坚强的完人是马克思。

马克思的革命工作有着一个显著特点：报纸，是他阐述个人观点的重要阵地。比如，马克思在写于 1842 年 6 月的《第 179 号〈科伦日报〉社论》中，批评德国思辨哲学，提出"把禁欲主义的神甫法衣换成报纸的轻便时装"。又如，在 1842 年《莱茵报》、1844 年巴黎《前进报》、1847 年《德意志布鲁塞尔报》、1848—1849 年《新莱茵报》和 1859 年《人民报》等报纸上，他均发表了许多具有战斗性、现实性、科学性的评论和文章，阐述和宣传了个人的科学观点。马克思还在《纽约每日论坛报》上刊文，支持中国反对英法帝国主义以鸦片贸易为借口的侵略战争，谴责帝国主义对中国的无耻掠夺，对中国人民充满同情并对中华民族的觉醒寄予期待，预言过不了多少年，我们就会看到世界上最古老的帝国作垂死的挣扎，同时我们也会看到整个亚洲新纪元的曙光。

1944 年 9 月，毛泽东在《为人民服务》一文中说："中国古时候有个文学家叫做司马迁的说过：'人固有一死，或重于泰山，或轻于鸿

---

① 《马克思恩格斯选集》第 3 卷，人民出版社 2012 年版，第 847 页。

毛。'为人民利益而死,就比泰山还重;替法西斯卖力,替剥削人民和压迫人民的人去死,就比鸿毛还轻。"①马克思就是这样一位死得其所、重于泰山之人,因为他一直在关注、支持、服务全人类的解放事业。尽管马克思一生备受迫害和中伤,屡遭驱逐,但他逝世后获得极大的殊荣,始终是雄踞无产阶级实践领域和理论领域高峰的革命"巨人"。

社会革命是人类社会基本矛盾运动的必然产物,不仅包括全部经济基础的变革,还包括思想文化等意识形态在内的全部上层建筑的变革。在《〈政治经济学批判〉序言》中,马克思阐明了生产力与革命的关系,"物质生活的生产方式制约着整个社会生活、政治生活和精神生活的过程"。② 社会的物质生产力发展到一定阶段,便同它们一直在其中运动的现存生产关系或财产关系发生矛盾。于是,这些关系便由生产力的发展形式变成生产力的桎梏。那时,社会革命的时代就到来了,随着经济基础的变更,全部庞大的上层建筑或慢或快地发生变革。显然,只有在生产力不断发展,并与现存的生产关系和上层建筑发生冲突的基础上,革命才有可能发生。

人类社会发展史上最深刻、最彻底的社会革命,是社会主义革命。纵观人类社会发展史,从奴隶社会到封建社会,从封建社会到资本主义社会,无不是社会革命的结果。马克思指出:"一般的革命——推翻现政权和破坏旧关系——是政治行为。而社会主义不通过革命是不可能实现的。社会主义需要这种政治行为,因为它需要消灭和破坏旧的东西。"③马克思、恩格斯对政治行为即政治革命的作用给予很高评价,指出其使革命成为社会进步和政治进步的强大发动机。他们还认为,历史上包括资产阶级革命在内的一切类型的社会革命,只是用一种剥削制度去代替另一种剥削制度,而社会主义

---

① 《毛泽东选集》第三卷,人民出版社1991年版,第1004页。
② 《马克思恩格斯全集》第23卷,人民出版社1972年版,第99页。
③ 《马克思恩格斯全集》第1卷,人民出版社1956年版,第488—489页。

革命则是要结束一切剥削制度,最终建立一个没有阶级剥削和阶级压迫的全新社会制度。

中国共产党是用马克思主义武装起来的革命政党,一经诞生就把为中国人民谋幸福、为中华民族谋复兴,确立为自己的初心使命。例如,党的一大纲领郑重提出党的根本政治目的是实行社会革命。1939年9月,毛泽东在会见美国记者埃德加·斯诺时强调:"我们永远是社会革命论者"。[①] 中国共产党成立100多年来,中国共产党人不忘初心、牢记使命、永远奋斗,不断以伟大自我革命推动伟大社会革命,创造了一个又一个彪炳史册的人间奇迹,必将载入中华民族发展史册、社会主义发展史册、人类文明发展史册!

新时代中国特色社会主义是中国共产党领导人民进行伟大社会革命的继续,也是具有崭新内涵的伟大社会革命。不忘初心、牢记使命,就不要忘记我们是共产党人,是革命者,不要丧失了革命精神。在革命、建设、改革各个历史时期,中国共产党团结带领人民砥砺奋进,铸就了伟大的革命精神。伟大事业需要并产生伟大精神,伟大精神支撑并推动伟大事业。新时代将伟大社会革命进行到底,需要中国共产党人始终保持旺盛革命精神,大力弘扬艰苦奋斗、敢于斗争的作风,以逢山开路、遇水架桥的闯劲,以滴水穿石、绳锯木断的韧劲,迎难而上、动真碰硬,攻坚克难、善作善成。

今天,中国共产党人之所以在党的重要会议、重要活动闭幕时播放或伴唱《国际歌》,《国际歌》之所以不需要像红歌一样传唱,是因为人们意识到:人不能总活在血色的历史里,但巴黎公社人民的丰功伟绩不能忘记,马克思、恩格斯提倡的革命精神不能忘却。时代在前进,社会在进步,坚持和发展新时代中国特色社会主义,是中国人需要进行的一场新的伟大革命,必须大力发扬革命精神,始终保持锐意创新的勇气、敢为人先的锐气、蓬勃向上的朝气。

---

① 《毛泽东文集》第二卷,人民出版社1993年版,第243页。

三、实至名归的千年第一思想家

马克思主义极大推进了人类文明进程，至今依然是具有重大国际影响的思想体系和话语体系，马克思至今依然被公认为"千年第一思想家"。在过去的千年中，为什么是马克思被公认为第一思想家？要回答这一个问题，必须弄清楚马克思与马克思主义的关系，弄清楚什么是马克思主义和如何对待马克思主义。

马克思与马克思主义不能简单地等同起来。马克思是马克思主义的主要创始人，没有马克思就没有以马克思命名的马克思主义，但马克思是一个具体的人，是伟大的科学家、革命家、思想家，像所有人一样会逝世；而马克思主义是科学的理论、人民的理论、实践的理论和不断发展的开放的理论，依然存在并不断发展。人们对马克思的评价是历史的，着眼于他的历史贡献；而对马克思主义的评价应是当代的，着眼于它的当代价值和适用性。

如果把马克思与马克思主义蓄意等同起来，马克思主义就会伴随马克思的逝世而"终结"，造成马克思主义"过时论"；如果把马克思与马克思主义有意对立起来，褒此贬彼或褒彼贬此，就会造成马克思主义"虚无论"。不管是"过时论"，还是"虚无论"，这两种思潮都是错误的，必须予以澄清、以正视听。

关于什么是马克思主义和如何对待马克思主义的问题，《马克思主义者》一书的作者——美国社会学家赖特·米尔斯有过此类表述："人们对马克思的确没有一个统一的认识，每一个研究者必须通过自己的努力去认识马克思。"①英国文艺复兴时期的剧作家威廉·莎士比亚有句名言：一千个人眼里有一千个哈姆雷特。如果按赖特·米尔斯的说法，岂不有多少个研究者，就有多少个马克思？这充满着唯认识论

---

① ［美］赖特·米尔斯：《马克思主义者》，商务印书馆1964年版，第39页。

主义,让什么是马克思主义似乎成了一个形而上学的问题,是完全错误和有害的。但是,决不能因此而否认人们对马克思和马克思主义理解的多样性和差异性。马克思的学说和马克思主义都是科学体系,其内容并不决定于人们的主观理解,而是取决于它的科学性。

《马克思主义:赞成和反对》一书的作者——美国学者 R.L.海尔布隆纳说:"我确信马克思主义思想,或者说得更精确些,马克思的著述所激发的思想(我们合称之为'马克思主义'),是有一个可以得到公认的共同点。"①他把这个共同点归结为四条:一是对待认识的辩证态度;二是唯物史观;三是依据马克思的社会分析而得出的关于资本主义的总的看法;四是对社会主义的信奉。尽管共同点的具体标准可以讨论,但该书作者认为,马克思主义应该有一个共同的、客观的、标准的看法,是值得人们肯定和重视的。

实际上,列宁早已说过:"马克思主义是马克思的观点和学说的体系。"②当然,马克思主义也包括恩格斯的观点和学说。在这里,列宁主要是强调不能把自己的虚构、附加、解释,强加给马克思和恩格斯,明确指出马克思主义是马克思、恩格斯的观点和学说的体系,而不是全部著作中的每句话或个别论断的总和。

马克思主义主要由哲学、政治经济学、科学社会主义三大组成部分构成。这三大组成部分分别来源于德国古典哲学、英国古典政治经济学、法国空想社会主义,然而,最终升华为马克思主义的根本原因,是马克思对所处的时代和世界的深入考察,是马克思对人类社会发展规律的深刻把握。作为一个科学的理论体系,马克思主义研究的是整个客观世界和社会形态更替的规律、资本主义的发展规律,以及具有客观依据的关于社会主义和共产主义的科学构想。

马克思主义是一个开放的、发展的理论体系。"一部马克思主义

---

① [美]R.L.海尔布隆纳:《马克思主义:赞成和反对》,易克信、杜章智译,中国社会科学院情报研究所 1982 年版,第 4 页。
② 《列宁选集》第 2 卷,人民出版社 1972 年版,第 580 页。

发展史就是马克思、恩格斯以及他们的后继者们不断根据时代、实践、认识发展而发展的历史,是不断吸收人类历史上一切优秀思想文化成果丰富自己的历史。"①这也是马克思主义永葆美妙之青春的奥妙所在,在不断探索时代发展提出的新课题、回应人类社会面临的新挑战中充满生机与活力。

马克思主义诞生于 19 世纪中叶,历经 20 世纪辉煌与低潮交错的考验,现已跨入 21 世纪的第三个 10 年。理解马克思至今依然被公认为"千年第一思想家",既要看 19 世纪马克思逝世后的"盖棺论定",更要看 20 世纪和 21 世纪的"最新评价"。

马克思 1883 年 3 月 14 日逝世后,被安葬在伦敦海格特公墓。恩格斯说马克思的逝世,是"当代最伟大的思想家停止思想了"。当然,这不是恩格斯对亡友的私情和单纯的个人评价,许多国家工人组织的唁电、报刊的社论都表达了同样的看法。纽约《太阳报》的社论是《一位生气勃勃、成果卓著的思想家》,《自由报》的社论是《本世纪最伟大的思想家》,苏黎世《工人呼声报》的社论是《他奠定了社会主义的科学基础》,罗马《民主同盟报》的社论是《一位学识渊博的思想家》,《莫斯科电讯报》的社论是《一位无与伦比的学者》,圣彼得堡《黎明纪事周刊》的社论是《犹太人最有才华的儿子》,等等。尽管这些社论有着不同的政治色彩,但对马克思均表达了极大的尊敬,一致赞扬马克思是"本世纪最伟大的思想家""现代社会主义的创始人""新科学的先驱"。②

有人也许正在质疑 19 世纪工人组织评价马克思的"真实性"和"科学性",那让我们回望世纪之交,西方国家围绕千年思想家或风云人物,前后进行的四次评选活动。结果都毫无例外地显示:马克思均名列前三甲,成为名副其实的"千年第一思想家"。

---

① 习近平:《论党的宣传思想工作》,中央文献出版社 2020 年版,第 323 页。
② [美]菲利谱·丰纳编:《马克思逝世之际——1883 年世界对他的评论》一书中各报刊社论,王兴斌译,北京出版社 1983 年版。

1999 年 9 月,英国广播公司围绕谁是千年思想家进行广泛的民意调查。《明报》10 月 2 日报道:19 世纪唯物主义思想家马克思,以凌厉后劲压倒科学家爱因斯坦,在英国广播公司(BBC)的千禧年最伟大思想家选举中胜出。

马克思是 19 世纪最具影响力的社会主义思想家,也是共产主义的奠基人之一。他之所以被评为"千年第一思想家",是因为其创立的理论影响了世界。马克思于 1848 年与恩格斯合著科学社会主义的纲领性文件《共产党宣言》,并于 1867 年出版发行他的不朽著作《资本论》第一卷。马克思关于无产阶级革命的伟大学说,成为世界各国无产阶级运动的指南。作为一个哲学家、社会学家、历史学家和革命家,马克思的著作在当今仍为学术界所尊崇和推崇。

英国主流媒体对具有广泛民意的千年思想家网上评选结果并不满意,路透社又特别邀请来自各国政界、商界、艺术界、学术界的 34 位专家名人进行千年人物的评选。马克思仅以一分之差与印度的国父圣雄甘地名列第二,名列第一的是爱因斯坦。但这同样具有重要意义,同样说明马克思是千年伟人。

马克思最大的魅力,就在于他对资本主义彻底的批判。只要资本主义存在一天,马克思就是资本家心中永恒的阴影。路透社在报道评选结果时不得不中肯地说:马克思的《共产党宣言》和《资本论》,对过去一个多世纪全球的政治和经济思想产生了深刻的影响。对于世界工人阶级来说,再大的喜讯莫过于此。这是千年之交,时代赠予世界工人阶级和劳动人民最值得纪念的礼物!这件事不是孤立的,也不是偶然的。它既显示了马克思主义真理的力量,又说明了当今时代仍然需要马克思主义,就像自然科学需要爱因斯坦的理论一样。只要不带任何偏见,人们都会作出这样的结论。

2003 年 9 月,在马克思的故乡进行了一次关于谁是最伟大的德国人的评选。这次调查由德意志电视二台举办,为期 3 个月。从调查情况看,前东德地区大都将选票投给了马克思;占人口多数的西德地区则主要将选票投给了第二次世界大战后西德的第一位总理阿登纳。11月28日公布的投票结果显示:阿登纳位居第一,宗教改革领袖马丁·路德位列第二,马克思位列第三。但从前三甲的得票率来看,差距很小。阿登纳获得57万张选票,马丁·路德获得52万张选票,马克思获得50万张选票。

这次评选得到德国民众的热烈响应,参加评选的人数达到330多万,候选人多达1300位。德国民众先从这1300位候选人中选出100名最伟大的德国人,然后从中评选出10名最伟大的德国人。阿登纳之所以获得第一,在于他领导德国人民从第二次世界大战的阴影中走了出来。马克思在东部的五个州获得40%的投票,但在西部只得到3%的投票,差距十分悬殊。这说明前东德、西德原有意识形态的隔阂,一定程度上影响了投票的公正性。在投票的人看来,追求自由、公平社会的马克思是最应受到敬仰的,有朝一日,他将被公认为最伟大的德国人!

2005年6月,英国广播公司广播四频道《在我们这个时代》栏目,就"谁是现今英国人心目中最伟大的哲学家?"展开调查。经过一个月的评选,7月14日公布的调查结果显示,马克思最终以27.93%的得票率脱颖而出,被评为世界上最伟大的哲学家。这次评选共有3.4万多人投票,进入"十大"的均为西方哲学家。

值得一提的是,评选过程中,英国《经济学家》杂志号召其读者把马克思从候选名单上拉下,希望读者选大卫·休谟。《经济学家》认为,马克思已经过时了,而资本主义是有效的,等等。然而,英国公众作出了自己的决断。很多人认为,当今世界发生的一切并不能否定马克思,只能证实他写的内容。

值得深思的是,评选活动是在西方资本主义国家进行的,参加投票的有西方知名学者,也有普通民众。为什么英国广播公司对这个全球性的活动连续评选两次?众所周知,西方是资本主义社会,而马克思是无产阶级的革命导师,立志要做资本主义制度的"掘墓人"。为什么在西方主导的评选活动中,会是一个资本主义的对立者获得如此高的追捧呢?这是西方百思不得其解的。于是,有了第二次评选,可谁知道结果还是一样。

马克思逝世 100 多年后,仍然赢得人们对他的思想及其所开创事业的高度评价,这让许多西方人感到十分惊讶。英国广播公司发表评论文章说,马克思的哲学观点、辩证唯物主义都经历了时间的考验,成为世人手中解析所有复杂的经济、政治甚至科学机制的珍贵工具。它让我们对所有过程具有一种全球观,为未来社会的发展呈现一种独特视角。

马克思以绝对优势被评为千年思想家、千年人物、最伟大的德国人和全球最伟大的哲学家,不仅是对马克思所创造的学说和理论体系的评价,更是对其历史和现实政治意义的评价。马克思逝世 100 多年来,尽管人类社会出现过形形色色"美妙的主义",但绝大多数都如同过眼云烟,唯有马克思主义独树一帜,具有最旺盛的生命力;尽管资本主义世界和社会主义国家都发生了许多重大变化,但所有这些变化都没有脱离马克思主义关于生产力与生产关系矛盾运动的规律,都可以用马克思主义理论加以解释和说明。100 多年来,虽然不断有人反对、诅咒甚至诋毁马克思,但从来没有人能够阻止马克思主义在全球范围内的广泛传播,从来没有什么思想能够像马克思主义那样掌握亿万工人阶级和劳动群众,成为改造世界、推动历史前进的巨大精神力量。

西方评选千年思想家的活动和马克思获得的诸多殊荣,只能充分说明一个事实:马克思及其思想对西方社会仍具有深刻影响。这一深刻影响对推动西方资本主义社会的进步与发展,远远超过马克思主义刚刚诞生时对世界的震动。来自西方的这些评选活动也深深启示我们,必须坚定不移地坚持以马克思主义为指导,始终不渝地坚定社会主义、共产主义信仰,旗帜鲜明地站稳马克思主义立场,深入挖掘马克思主义真理的科学内涵。因为,马克思主义是"源头活水",只有根植于马克思主义博大精深的学说中汲取营养,慎思之,笃行之,才能不断开创新时代中国特色社会主义伟大事业的新局面。

奥地利经济学家熊彼特说过：大多数的创作，经过一段时间，短的是饭后一小时，长的达到一个世代，就完全湮没无闻了。马克思的学说却不是这样，它遭受了批判，但它又复活了，是穿着自己的服装，带着人们看得见摸得着的自己的瘢痕复活了。马克思生前在国际无产阶级的心目中，是当之无愧的伟大导师，但在西方主流社会则"是当代最遭嫉恨和最受诬蔑的人"。西方关于千年思想家、千年人物、最伟大的德国人和全球最伟大的哲学家的评选，引起包括中国在内的东方各国和地区广泛关注。不仅媒体对评选结果予以报道，而且学术界围绕这个评选结果开展广泛的讨论。所谓"大浪淘沙"，通过这些报道和讨论，我们必须更清晰地看到马克思主义的真理力量，更明白把马克思主义作为党和国家根本指导思想的必要性和深远意义。

媒体界的声音：聚光灯下的马克思。

1999年12月30日，《光明日报》载文指出：在千年交替之际，西方媒体最近纷纷推出自己评选的千年风云人物，马克思主义的创始人、无产阶级的伟大导师卡尔·马克思在众多西方媒体评选千年风云人物的活动中名列第一或第二。

1999年12月19日，《澳门日报》报道了这个消息，刊登了三位千年伟人的照片。该报说：这样的调查当然不能十分科学地反映广泛的事件，但这次调查可以让我们看看一些名人的想法。

1999年12月25日，中国台湾的《中国时报》指出：马克思有关资本累积及资本集中的说法，放在当今并购大潮的背景之下似乎更具意义，苏联瓦解、中国大陆也已采用社会主义市场经济路线多年，这么多学者肯定马克思，的确有些出人意料。该报还说：马克思对于资本主义的洞见应该再度获重视，他不应为其他人对其学说所作的引申背黑锅。

学术界的讨论：当之无愧的千年思想家。

2007年"十一"期间，中国教育电视台播出专题栏目《社会主义核心价值体系纵横谈》。第一讲主题为"马克思：千年最伟大的思想家"，分析如何通过"千年第一思想家"评选结果来认识马克思主义的真理价值。

近些年,国内出版许多对马克思主义进行系统宣讲的理论普及读物,为人们描述了一位真实、彩色、依然"活着"的马克思。针对诋毁马克思的种种谣言和"高级黑""低级红",用翔实的史料、严谨的考证,澄清事实,以正视听。注重用走心、妥帖且青春的表述方式,讲述马克思的一生及其思想理论精髓,让青年朋友穿越时空,与一个有血有肉有灵、与"90后""00后"的心灵足迹无比契合的马克思相遇,有趣、有料、有识。

面对新的时代特点和要求,继续推进马克思主义中国化时代化大众化。一些宣传思想单位注重通过通俗易懂、极富感染力的方式,再现马克思真实的个人形象和魅力,让马克思主义及其中国化最新成果飞入"寻常百姓家"。在媒体深度融合的大格局下,一些主流媒体注重同步推出"马克思主义在当代有怎样的重大价值"等栏目专访;约请知名理论专家、高校青年教师和大学生代表,走上融媒体平台,开展精彩问答,讲述伟人故事,朗诵诗歌致敬,同广大受众一起重温马克思的光辉足迹,感受伟人的人格魅力,感知真理的力量。

 木屋小故事

　　互联网上流传着所谓什么是成功男人的标配:3岁,不尿裤子;5岁,能自己吃饭;18岁,能自己开车;20岁,有女朋友;30岁,有钱;40岁,有钱;50岁,还有钱;60岁,还有女朋友;70岁,还能自己开车;80岁,还能自己吃饭;90岁,还不尿裤子;100岁,还没有挂在墙上;200岁,还挂在墙上。如果说这个段子有些道理的话,那么最难做到也是已达最高境界的,无疑是最后一条。

这里的挂在墙上,绝非只是挂在自己家里的墙上,或者其出生地的墙上,而是全世界很多角落的墙上。2018 年,已经是马克思出生后的整整第 200 个年头。照这样的标准来看,马克思符合段子里对成功男人的最高标配。

当今社会,任何谈论 19 世纪以来思想史的人,举凡哲学、政治学、经济学、历史学、法学、社会学,甚至美学和伦理学,无论是赞成或反对马克思的,只要不表达对马克思思想的态度,就像谈论中华优秀传统文化,而无视孔夫子和儒家学说的客观存在一样,会被人认为是无知之举。即便连有关马克思的书没有读过一本的人,在日常生活语境中,谈起马克思如何如何也是司空见惯的事情。列宁说过:"马克思主义在理论上的胜利,逼得它的敌人装扮成马克思主义者,历史的辩证法就是如此。"①诚然,今非昔比,谈论马克思主义的人也不是"敌人",但马克思的人格力量和马克思主义的真理力量,依然光彩照人、沁人心扉。

大凡人类历史上的圣贤哲人之所以为后人所怀念,是因为其思想智慧能给后人以启迪,就像暗夜里的一束灯光,照亮人们前行的道路。然而,无论是像西方的柏拉图、亚里士多德、康德和黑格尔那样的大思想家、哲学家,还是像东方的老子、孔子、龙树这样的圣贤哲人,一般都只是抽象地揭示宇宙和人生的道理。这些先哲圣贤们,要么是世外高人,主张出世避世而减轻烦恼痛苦,要么是皓首穷经的学究,坐而论道,用消极的处世哲学和所谓的"普世价值"来抚慰人们的心灵,而不能直面现实。

马克思不是学院派学者,现实关怀贯穿其一生。他专门、长期和系统地研究生产力的变化,目的是在社会历史深层、客观基础层面,弄明白和说清楚资本主义生产方式。这些研究成果主要散见于他的政治经济学手稿,一些命题融哲学和政治经济学内容于一炉。例如,手推磨产生的是封建主的社会,蒸汽磨产生的是工业资本家的社会;各种经济时代的区分,不在于生产什么,而在于怎样生产,用什么劳动资料生产;等

---

① 《列宁全集》第 18 卷,人民出版社 1990 年版,第 583 页。

等。这些社会生活不同因素对资本主义社会的决定与被决定关系的揭示，已经呈现历史唯物主义的端倪。

理解马克思何以至今仍被公认为"千年第一思想家"，有必要经常读一读恩格斯《在马克思墓前的讲话》：

> 正像达尔文发现有机界的发展规律一样，马克思发现了人类历史的发展规律，即历来为繁芜丛杂的意识形态所掩盖着的一个简单事实：人们首先必须吃、喝、住、穿，然后才能从事政治、科学、艺术、宗教等等；所以，直接的物质的生活资料的生产，从而一个民族或一个时代的一定的经济发展阶段，便构成基础，人们的国家设施、法的观点、艺术以至宗教观念，就是从这个基础上发展起来的，因而，也必须由这个基础来解释，而不是像过去那样做得相反。
>
> 不仅如此。马克思还发现了现代资本主义生产方式和它所产生的资产阶级社会的特殊的运动规律。由于剩余价值的发现，这里就豁然开朗了，而先前无论资产阶级经济学家或者社会主义批评家所做的一切研究都只是在黑暗中摸索。①

每一次阅读，一定会有不一样的感悟，一定会收获一份新的喜悦。因为，一个人依靠一套理论创建了一个学派，一个人依靠一套价值创建了一种文化、一种共同生活的新方式。而这个人就是马克思：实至名归"千年第一思想家"。

---

① 《马克思恩格斯选集》第3卷，人民出版社2012年版，第1002—1003页。

第二章　如何拧紧人生"总开关"

　　每个人都有自己的世界观、人生观、价值观,对人们的思想和行为起着支配作用,是"方向盘"和"总开关"。马克思的世界观、人生观、价值观博大精深,是指挥塔上的明灯。拧紧人生"总开关",需要弄懂马克思的世界观为什么是人类迄今最系统、最科学的,人生观为什么以人的自由全面发展为核心要求,价值观为什么把人的解放作为最高追求,"博学之、审问之、慎思之、明辨之、笃行之",让理想信念成为心中的灯塔,真正做到虔诚而执着、至信而深厚。

一、锤炼系统化的科学世界观

　　人生在世,不是仅仅满足于依附在这个世

界，而是决意要思考、解释和改造这个世界。思考和解释世界，就是人们常说的认识世界，实质上是一个世界观的问题。改造世界是在认识世界的指引下进行的，表现为世界观的行为和产物。那么，到底何为世界观？什么样的世界观才是正确的？树立正确的世界观对人的成长发展具有怎样的意义和价值？这是人们经常会问到的话题。我们应当读懂马克思世界观的哲学意蕴，自觉锤炼系统化的科学世界观。

世界观是指人们通过"观"世界，对整个世界和人与世界的关系，形成的总的看法和根本观点。而总的看法和根本观点，大意是说其具有最大的抽象性、最强的概括性和最普遍的适用性。

思想朝何处想，步子往哪里迈，力气向哪里使，都是由世界观支配的。世界观管方向、管方法、管思维、管人生，是人的全部精神和行为的总导演、总指挥，具有一个鲜明特点：当它正确之时，往往感觉不到其重要性；当感到它重要时，常常是出问题之后。往往这个时候，方知科学世界观的重要性，才后悔没有好好改造世界观。这有如人之健康，能吃能喝能睡，不觉得健康的宝贵，一旦生病住院，才猛然醒悟：只要有健康，一切无所谓，真所谓"早知今日，何必当初"！

 布袋小知识

世界观有广义和狭义之分，广义的世界观是指人的主观世界、内心世界，即人们对世界上一切主、客观现象的观点和看法。它既包括人们对世界的本质和规律，即真理的追求；也包括人们对人类生活中的道德、情感、意志等，即价值的关注。康德所说的头顶的星空和心中的道德法则，就是这两类知识。

狭义的世界观是指人们对整个客观世界，包括自然界和人类社会的普遍本质和一般规律的总的观点和根本看法。我们使用的世界观，一般是指狭义的世界观。

每个人的成长过程中,力求探究现实世界的本质和规律,追问人生的意义和价值,寻求治国处事的韬略和良策,这就需要有一种理论对之作出科学的解答和指导。在人类思想史上,各种思想流派、哲人巨匠,均提出过诸多宝贵的思想指南。林林总总的思想哲学王国里,如何找到自己的精神向导,并以此作为行动指南?马克思的世界观,揭示了客观世界的本质和规律,破解了人类历史发展之谜,阐明了个人和社会的辩证关系,是理论化、系统化的科学世界观,给人们提供了现成答案。

作为马克思主义创始人的马克思,与作为马克思主义中国化首次提出人的毛泽东,所处时代、成长背景和家庭出身全然不同,走过的人生道路、面临的时代课题也不相同,为什么都能成为影响历史进程的伟大思想家和伟大革命家?

如果把马克思和毛泽东青年时代的思想探索过程放在一起考察,就会发现一些绝非偶然的相似之处:他们在青年时代,就树立起科学、进步的世界观。

马克思的青年时代,大体指 1846 年他与恩格斯一起完成《德意志意识形态》之前,因为这本书系统地阐述了历史唯物主义的世界观。这一年,马克思 28 岁。毛泽东的青年时代,则以 1921 年参加组建中国共产党为结束的标志,那一年他恰好 28 岁。青年马克思和青年毛泽东在向着各自人生目标迈进中,均彰显出鲜明生动的人生追求和思想个性。

马克思和毛泽东,都是在 17 岁走出故乡求学的。少年时代的境遇差别,却没有阻止他们踏上异曲同工的精神寻觅之路。

从知识储备和文化旨趣上看,两人在校读书期间,对文史哲都有罕见的兴趣和相当深入的研究。青年马克思曾沉湎于诗人之梦,留下诗作《人生》和《查理大帝》。毛泽东就读湖南省立第一师范学校时宣称"文学乃百科之源",与同学好友之间吟咏唱和,更是常事。在好友罗章龙、萧三的回忆中,有不少毛泽东和他们的唱和联句。毛泽东的早期诗词作品,完整保存下来的有《五古·挽易昌陶》《七古·送纵宇一郎东行》《虞美人·枕上》。

从思想转变历程上看,两人具有相似轨迹,都是在分析比较各种社会思潮后,创立和确定个人的理想信念的。马克思从 23 岁大学毕业到 28 岁创立新的世界观,仅用五年时间。恩格斯称马克思在思想领域,"他不是在走,而是在跑,他是在风驰电掣地飞奔。"①毛泽东的探索心路,同样迅疾。他 25 岁走出校门,28 岁参加建党,仅用三年时间便实现世界观的转变。马克思创立新的世界观后,仍然及时地通过分析、比较和批判各种思潮,去丰富、完善和发展马克思主义。毛泽东在确立起自己的信仰后,也是通过及时地分析、比较和批判各种思潮,去实践、调整和发展中国革命和建设的理论。

从人格气质上看,青年时代的马克思和毛泽东都拒绝平庸苟世,看重精神生活,注重培养崇高的心灵志向,彰显了自信、豪迈、明快和奔放的个性风采。

为什么青年马克思和青年毛泽东都能树立起科学、进步的世界观?揭开这个谜底,应当从了解理论化、系统化的科学世界观入手,化整为零、循序渐进,从认知走向认同,从认同付诸实践。

世界观有正确与错误之分,有先进与落后之别。一切唯心主义的世界观和旧唯物主义的世界观,都对世界的本质和状况进行歪曲或片面把握,都不能科学合理地说明人与世界的关系,因而不能有效地指导人们认识世界、改造世界。马克思主义世界观,不仅揭示世界的普遍本质和一般规律,而且充满深刻的价值关切和人文关怀,是无产阶级及其政党和广大劳动人民认识世界、改造世界的强大理论武器。

有人可能在思考马克思的世界观与马克思主义世界观的联系和区别,二者是否等量齐观、能否合而为一?

马克思的世界观与马克思主义世界观是两个不同的概念,既有联系又有区别。马克思的世界观,是对马克思本人的世界观发展演变过

---

① 《马克思恩格斯全集》第 41 卷,人民出版社 1972 年版,第 364 页。

程的如实描述,它经历了一个由崇尚抽象思辨到强调变革现实、由囿于唯心主义到皈依唯物主义的发展过程。在这一过程中,只有马克思经过比较、鉴别和改造,最终自觉确立起成熟的世界观思想,才能称之为马克思的世界观。

马克思主义世界观,是对一切马克思主义者的世界观理论的共同本质、基本精神的理论概括和有机整合。它既包括马克思本人成熟的世界观思想,也包括恩格斯和后继的马克思主义者作出的符合马克思主义精神实质的继承、创新和发展。因此,马克思主义世界观是以马克思的世界观为基础和主体的。通常所说的马克思主义世界观,主要是指马克思的世界观。

马克思的世界观,是以辩证唯物主义和历史唯物主义为世界观和方法论基础、以共产主义为最终奋斗目标、以为最广大人民谋利益为根本政治立场、以与时俱进为理论品质的科学理论体系,是关于无产阶级和人类解放的科学社会主义学说。简而言之,马克思的世界观就是马克思主义哲学。这一理论化、系统化的科学世界观,是马克思、恩格斯适应当时工人运动的需要并总结其经验,在借鉴、吸收人类文化发展优秀成果,尤其是德国古典哲学的思想精华,以及总结当时自然科学发展最新成果的基础上,通过其远见卓识和艰辛探索而创立的。

在辩证唯物主义形成前,人们对世界的总的看法和根本观点,始终没能摆脱唯心主义和旧唯物主义的影子。

唯心主义世界观否认世界的物质性、客观性,把人的主观精神、意识看成世界的本原,认为意识决定物质、主观决定客观,主张从主观出发去认识和解决现实问题。

同样,旧唯物主义片面地把握世界的物质性。每个阶段上的旧唯物主义思想,尽管都是代表一定历史条件下的先进阶级的利益,并同各式各样的唯心主义、宗教、迷信作了尖锐的斗争,但其依然存在着一定的错误成分。

纵观人类社会的历史发展,唯物主义世界观适应着科学发展的不同水平,大体上经历了古代朴素唯物主义和形而上学唯物主义两个发展阶段。

古代朴素唯物主义——这一派的唯物主义哲学家,最初产生在古代奴隶社会中。在古代希腊的哲学家中,有一派人反对世界是"神"或"上帝"创造的唯心主义、宗教看法,主张世界是由一种"初始物质"构成的,万物都来源于这种"初始物质",而意识也不过是其产物而已。在古代中国,一些思想家用唯物主义观点来证明世界的原始问题。有的人主张世界上一切东西最初均来自金、木、水、火、土"五行",也有的人主张阴、阳两极矛盾变化的辩证学说。可见,古代朴素唯物主义哲学大体上对世界有了一个较为正确的看法。但是,由于古代朴素唯物主义哲学家对世界的看法,并不是从科学实践中总结、概括出来的,而是对世界进行直观的结果,因此其唯物主义具有朴素的形态,他们把物质仅仅局限于某一个物质形态(物体)上面。这一派哲学家的辩证法也是带有自发性的,没有根据对具体科学规律的认识来做其基础,不能用以指导人们的实践活动。

古代希腊的朴素唯物主义哲学,以德莫克利特为代表,是在同以柏拉图为代表的唯心主义哲学作斗争中发展起来的。这一哲学上的思想斗争,反映了当时现实生活中新兴的工商奴隶主与占有土地的贵族奴隶主之间的斗争。伴随社会历史的发展,朴素唯物主义不得不随着奴隶制度的瓦解而丧失其在哲学思想中的地位,被后来的维护封建统治、宣扬宗教迷信的唯心主义哲学所代替。

形而上学唯物主义——欧洲的17、18和19世纪,正是资产阶级作为新兴的先进社会力量先后在各国出现的时期,这一时期的唯物主义哲学家代表着当时先进资产阶级的利益。他们坚持物质第一性、意识第二性的唯物主义原理,开始在一定程度上将唯物主义哲学与自然科学上的某些成果结合起来。然而,由于当时自然科学的发展尚未达到充分成熟的阶段,加之资产阶级在历史上的进步作用终究是有局限性的,因此其唯物主义哲学难免具有很大的局限性。这主要表现在,他们既同维护封建统治的唯心主义作斗争,坚持唯物主义,又主张一切事物的不变性。显而易见,资产阶级唯物主义哲学家对哲学根本问题的解决,是带有形而上学性质的。不仅如此,在解释社会历史现象时,他们又变成唯心主义的了。

历数形而上学唯物主义哲学家,最著名的一位是费尔巴哈。他曾同宗教做过不调和的斗争,批判当时最有势力的黑格尔唯心主义哲学,指出它不过是宗教的变形,从而宣布了唯物主义的胜利。费尔巴哈虽然尖锐地批判宗教,但又不能完全摆脱宗教的影响。在批判黑格尔唯心主义的同时,他却把黑格尔辩证法中最有价值的部分抛弃掉,在解释社会历史现象时,同样采取唯心主义的观点。

关于马克思主义世界观,人们通常把其概括为辩证唯物主义和历史唯物主义,认为这是马克思的理论创新和独特贡献,是它与其他世界观的根本区别。但有人对此持有异议,认为这种概括容易给人们造成马克思主义是"理论拼盘"的错觉,不利于从总体上把握马克思主义的理论内涵和精神实质。正因如此,有人主张以马克思亲自提到的新唯物主义、实践唯物主义或新世界观等去命名,以此强调马克思主义世界观的整体性。实际上,这两种做法各有所长,不妨把二者结合起来,以便直观、完整地把握马克思世界观的基本内容和精神实质。

马克思的世界观是一块"理论整钢",是由基本立场、观点、方法、目标四个方面构成的一整套有机的理论体系。其中,基本态度和基本立场就是实事求是,致力于实现最广大劳动人民的根本利益;基本原理和基本观点就是其对整个世界的普遍本质和一般规律,对自然、社会和人类思维等各领域具体规律的分析和揭示,表现为一个由一系列相互联系的概念、判断和规律构成的理论系统;基本方法就是其认识和分析世界所应用的一系列方法和方法论的总和,即马克思的辩证逻辑和辩证法;基本目标就是其对整个人类命运的终极关怀,实现人的自由全面发展的共产主义。

新时代坚持和发展马克思主义,绝不是坚持和发展马克思的某个观点,而是要从整体上继承和坚持马克思的基本立场、观点、方法,并以之分析和解决现实问题。

从辩证唯物主义和历史唯物主义来理解马克思的世界观,是必要的和可行的。虽然自然和历史密切联系、相互渗透,唯物论和辩证法水乳交融、相互倚重,马克思的世界观不是辩证唯物主义和历史唯物主义的简单相加,但从这两个方面来把握,简单、直观、明了,有助于人们直接抓住其精髓。

辩证唯物主义世界观,是对整个世界尤其是自然界的普遍本质和一般规律的揭示。它的基本内容,可用人们熟知的四句经典话来概括。

第一,世界是物质的。自然界和人类社会,都是物质世界的组成部分。人的思维、精神、意识,不过是外部客观物质世界在人脑中的主观映像,归根到底是由物质决定的,整个世界是统一的物质世界。

第二,物质是运动的。世界上的一切物质,包括自然、社会和人的思维在内,都处于相互联系和普遍运动之中。运动是物质的一般存在方式,静止是相对的,是运动的特殊表现形式。

第三,运动是有规律的。事物的运动不是杂乱无章的,而是有规律可循的。对立统一、质变量变、否定之否定规律,是物质世界运动的三大基本规律。

第四,规律是可以认识的。虽然事物运动的规律都是客观的、不以人的意志为转移的,但人们在规律面前不是无能为力的。人们可以充分发挥主观能动性,去认识和运用规律为人类造福。

历史唯物主义世界观,是对人类社会的本质、结构、主体、发展动力、发展规律等的科学揭示。为便于识记,可将其基本内容概括成五个方面。

一是劳动是人和人类社会存在与发展的基础。人本身就是劳动的产物。劳动是从猿到人转变的关键,并继续改善着人的体力、智力和主观世界。

二是人类社会是一个由多种因素构成的统一有机体。经济、政治、文化相互影响、相互制约,构成任何一个社会有机体的基本结构。"五位一体"总体布局的提出,是对社会有机的构成要素及其内在联系的科学揭示和自觉运用。

三是人类社会是在社会基本矛盾运动的推动下不断向前发展的。生产力和生产关系、经济基础和上层建筑的矛盾是人类社会的基本矛盾,构成人类社会发展的基本动力。阶级斗争是阶级社会发展的直接动力,改革是社会进步的重要动力,科技创新在当代社会发展中起着越来越重要的作用。

四是人民群众是真正的英雄。社会历史发展是无数个人"合力"作用的结果,但人民群众是推动社会进步的主体和决定力量。英雄人物的活动,只有符合人民群众的利益、顺应历史发展的潮流,才能对社会历史发展起推动作用。

五是人类社会历史是按规律演进的。在生产力和生产关系、经济基础和上层建筑两大基本矛盾运动规律的支配下,人类社会不断由简单到复杂、由低级到高级向前发展,最终迈向共产主义社会,实现人的自由全面发展。

综上所述,马克思世界观的基本内容,可归纳为一个根本观点、两个有机结合、三者有机统一和一个理论品质。

一个根本观点:实践的观点是马克思世界观的根本观点。实践是全部人类现存世界的基础。对现实、对象和感性,既要从客体方面去理解,又要从主体方面去理解,把它当作人的感性活动、当作实践去理解。正是基于实践的观点和思维方式,马克思的世界观实现了唯物论和辩证法、唯物辩证的自然观和历史观、革命性和科学性的有机统一,完成了整个理论体系大厦的建构。

两个有机结合:实现唯物论和辩证法、唯物辩证的自然观和历史观的有机结合。马克思世界观的革命变革表现在理论内容上,就是把唯物论和辩证法、唯物辩证的自然观和历史观有机地结合起来,形成了辩证唯物主义和历史唯物主义的理论体系。

三者有机统一：实现阶级性、革命性和科学性三者的有机统一。马克思主义声称自己的世界观是为无产阶级和广大劳动人民服务的，但这丝毫不妨碍它的科学性，原因就在于无产阶级代表最先进的生产力，代表人类未来的发展方向。无产阶级的利益和整个人类的利益是根本一致的，无产阶级只有解放全人类，才能最后解放自己。

一个理论品质：与时俱进是马克思世界观的理论品质。马克思的世界观不断与时俱进、自我更新，保持着一贯的生机活力。马克思主义的创始人宣称"我们的理论是发展的理论，而不是必须背得烂熟并机械地加以重复的教条"[①]，主张理论必须时刻关注世界历史发展的新情况，根据科学和实践的发展不断补充和完善。

坚持与时俱进，以发展的态度对待马克思主义，就会发挥马克思世界观和方法论的指导作用，并将其不断推向新的阶段和新的水平。"明者因时而变，知者随事而制。"中国革命、建设、改革实践与苏联的经验教训均表明：僵化和停滞没有出路，只会给革命、建设和改革带来损失；因时而异、顺时而动、与时俱进，就会在革命、建设、改革中不断取得新成就，实现新发展，开辟新境界。

学习的目的全在于运用。我们应当学会运用马克思的世界观这个"方向盘"，自觉把稳人生航向；运用马克思的世界观这把"总钥匙"，开启和回答人生之问。

马克思的世界观强调物质决定意识，意识反作用于物质，要求人们的实践活动坚持物质第一性，客观看待世界。人生是一个实践的过程，而实践的前提是认识世界。如果把实践建立在"想当然"的基础上，就会演绎出"空中楼阁"的闹剧；如果把实践的成败寄托给"神仙魔法"，就会繁殖出歪门邪教等社会毒瘤。马克思的世界观告诉人们，世界是物质的，没有"神仙魔法"，改变世界、完善人生，只能靠自己去实践。正如《国际歌》所唱的"从来就没有什么救世主，也不靠神仙皇帝，要创

---

① 《马克思恩格斯全集》第 36 卷，人民出版社 1991 年版，第 584 页。

造人类的幸福,全靠我们自己"。所以说,一个头脑清醒的人,才会有能力科学地规划自己的人生;而清醒的标准,就是能看清世界的本质,正确认识自我。

马克思的世界观是辩证唯物论,唯物辩证法被马克思运用得"出神入化"。马克思不但指出事物的联系,还提出科学的方法论。就人生而言,辩证地看待人生,规划人生极为重要。钱学森曾在一封信里说,马克思主义哲学对他的工作和生活都起到了很大的指导作用。可见,一个懂得规划人生的人,就要辩证地看待自己的人生,为人生的不同阶段制定不同的目标,在不同人生的环境里用不同的方式自我发展。生活里处处都是哲学,都有辩证法。"青少年是祖国的未来、民族的希望"①,青少年阶段是人生的"拔节孕穗期",社会、学校、家庭需要引导青少年树立科学的世界观。

马克思的世界观有助于塑造健全人格。人民群众是历史的创造者,人生的真正价值是贡献。如何去做一个有价值的人,如何去实现人生价值? 作为一名普通的公民,就要经常思考"不要先问祖国给了我什么,需要先问自己为祖国做过什么"。当我们这样或那样抱怨社会时,有没有问过自己的责任? 如果个人的人生追求只是为了自己的功名利禄,这样的人生还算有意义吗? 古往今来,死去的王侯将相多的是,但能被人记起的又有几人? 而真正能被人们记住的,往往是大义凛然的民族英雄,是甘于奉献的正人君子。

二、用正确人生观导航人生之旅

人生观是指人们在实践中形成的对于人生目的和意义的根本看法,主要是通过人生目的、人生态度、人生价值体现出来的。人生目的、人生态度、人生价值三者间是一种循环关系,呈螺旋式上升的循环发

---

① 《习近平谈治国理政》第三卷,外文出版社 2020 年版,第 328 页。

展，与马克思主义的发展观高度契合。

关于人生的追问，数千年来一直困扰着人类，在历史长河里一直被人们思索和找寻着答案。古今中外，哲学和社会科学思想都围绕着人与客观世界以及人类社会来展开，人的学说是以往思想发展的核心。在中国，"从先秦子学、两汉经学、魏晋玄学，到隋唐佛学、儒释道合流、宋明理学，经历了数个学术思想繁荣时期"①，产生儒、释、道、墨、名等各家学说，涌现老子、孔子、庄子、孟子、荀子等一大批思想大家，留下浩如烟海的文化遗产。其中，就包含大量的何谓人、人性和人的行为规范等方面的思想。而这些思想，大都记载于历史典故里，需要人们去学思践悟。

《齐宣王见颜斶》载：齐宣王见颜斶，曰："斶前！"斶亦曰："王前！"宣王不说。左右曰："王，人君也。斶，人臣也。王曰'斶前'，亦曰'王前'，可乎？"斶对曰："夫斶前为慕势，王前为趋士。与使斶为慕势，不如使王为趋士。"王忿然作色曰："王者贵乎？士贵乎？"对曰："士贵耳，王者不贵。"王曰："有说乎？"斶曰："有。昔者秦攻齐，令曰：'有敢去柳下季垄五十步而樵采者，死不赦。'令曰：'有能得齐王头者，封万户侯，赐金千镒。'由是观之，生王之头，曾不若死士之垄也。"

大意是说，齐宣王一见颜斶就说：颜斶，你过来。颜斶反而说：齐王，你过来。在场官员纷纷指责颜斶有失君臣之道，颜斶解释道：我主动向前是贪慕权贵，大王主动向前是礼贤下士，与其让我落个贪慕权贵的恶名，不如让大王得个礼贤下士的美名。他还引经据典说，从前秦国攻打齐国，下了一道命令：胆敢在柳下惠坟墓以近（五十步）打柴者，处死；得齐王头颅者，封侯赏金。颜斶由此得出一个结论：王不如士。后来，齐宣王请颜斶同朝共事，颜斶为保住独立于权贵之外的人格，毅然放弃了荣华富贵。

18 世纪的法国思想家卢梭，也有过类似经历。国王因感动于他的

---

① 习近平：《论党的宣传思想工作》，中央文献出版社 2020 年版，第 215 页。

歌剧《乡村卜师》，决定赐予其一份年金。当时，卢梭居无定所、靠抄乐谱为生，可他果断拒绝：有了年金，丢了真理。视人格独立为生命的卢梭，宁肯过穷日子，也决不被权贵"招安"。

颜阖和卢梭的故事告诉人们，人生目的决定个人对待实际生活的基本态度和人生价值的评判标准，人生态度影响个人对人生目的的持守和人生价值的评判，人生价值制约个人对人生目的和人生态度的选择。

显而易见，人生观因人各异。毛泽东在湖南省立第一师范学校读书时，就立下"自信人生二百年，会当击水三千里"的人生志向。"今朝有酒今朝醉、明日愁来明日愁"，则是唐朝罗隐的人生自慰。同时要看到，人生观不是一成不变的。每个人的人生观在不同时期会发生变化，而这种变化的外因，是变幻莫测的世界导致人的直觉和感受发生变化。明朝思想家袁了凡从早年入仕到晚年著书，人生观就发生巨大变化。他在《了凡四训》中告诫世人，自己的命运是可以由自己来改造的。

在西方，古希腊哲学从人的生存环境出发探讨外部世界的本原问题，经中世纪到近代文艺复兴、启蒙运动，开启对人本身的问题研究，引发近代哲学的认识论转向。然而，随着自然科学的兴起，分析的方法和机械主义的认知结构，已造成人在外部世界中的式微。正如马克思在《关于费尔巴哈的提纲》中所言，包括费尔巴哈的唯物论在内的所有以往的唯物主义都只看到了直观的物质世界，而真正的从人即主体的视角出发，从感性的人的活动出发来理解外部世界的方法却被忽视了。正因如此，马克思宣称用一种实践的唯物主义来终结旧的唯物主义。

那么，马克思有没有像萨特、海德格尔那样专门探讨人的存在及其本质和生存论问题，有没有专门针对人生观提出所谓人生哲学？答案是肯定的，从来没有过。但这并不能就此否认一个事实：在马克思的哲学中包含着丰富而深刻的人生哲学思想。马克思在其哲学与社会批判中阐述了许多人的生存问题，在其著作中以人的自由全面发展为核心，展开了哲学批判和政治经济学批判。我们应当学会运用马克思的人生观,导航自己的人生之旅。

马克思终其一生都在理论和现实上追求人类的解放,人的自由全面发展是马克思主义中最为重要的问题。他在《共产党宣言》中提出:"代替那存在着阶级和阶级对立的资产阶级社会的,将是这样一个联合体,在那里,每个人的自由发展是一切人的自由发展的条件。"①应该说,这就是马克思的人生观总论。

马克思把每个人的自由发展看成是人的发展目的,而且每个人的自由发展内在包含人的全面发展。他认为,人的全面发展与人的个性发展是相容的。即使在一定的社会关系里,每一个人都能成为出色的画家,但这决不排斥每一个人也成为独创的画家的可能性。他还认为,每个人的自由全面发展是社会发展的最终目的。自由的充分实现和人类的彻底解放,是人类从必然王国飞跃到自由王国的标志,也是自由和解放的最高境界。但个人的自由发展又必须依赖于集体的行动和社会的发展与解放,只有通过集体行动,只有社会的发展与解放,个人的自由发展才是可能的。同样,个人的自由发展依赖于社会关系和社会制度的变革,而这种变革只有通过集体、阶级的行动才能实现。社会不解放,个人就不能自由。只有共产主义社会,才是"在个人的独创的和自由的发展不再是一句空话的唯一社会中"②。正是由于社会的解放是个人自由全面发展的前提条件,所以马克思把目光重点投向变革社会制度,解放全人类上面。马克思之所以把其学说最后落实到社会解放,即人类解放的科学社会主义上面,正是为了解决每一个人的自由全面发展这一核心问题。

马克思的人生观思想肯定不是天生的或从天上掉下的"林妹妹",也不是凭空臆造的"孙行者",那它是怎么来的? 我们可以简要回顾其萌发、形成和完善的过程。

---

① 《马克思恩格斯全集》第 39 卷,人民出版社 1972 年版,第 189 页。
② 《马克思恩格斯全集》第 3 卷,人民出版社 1972 年版,第 515 页。

在早期生活中萌发,从浪漫中来。

马克思丰富的人生观思想,有其浪漫主义色彩。这一思想基础,与马克思的家庭生活、中学生活、大学生活有着直接关系,奠基于他早期思想中的理想主义的人生追求。1830—1835 年,在特里尔读中学时,马克思就开始接受德国启蒙运动和古典时期的人道主义理想观念。

 布袋小知识

　　马克思的岳父冯·威斯特华伦,给马克思灌输浪漫主义学派的热情。马克思则把冯·威斯特华伦看作是"父亲般的朋友",把自己写于 1841 年的博士论文献给他,并说"理想主义不是幻想,而是真理"。

当然,更重要的在于法国大革命和启蒙思想,从政治和思想上深刻地影响了德国浪漫主义。尤其是随之而来的拿破仑战争,尽管以理性、和平、自由、平等为既定目标,但并没有让人们看到现实生活与这些目标的接近,反而让人们见到了暴力、流氓般的非理性行为,以及没完没了的专制独权斗争。德国人的民族情感的创伤,滋养了浪漫主义思潮和民族自尊感,人们用形形色色的思想来表示自身的理想和对落后封建制度的反抗。

在哲学批判中形成,到现实中去。

马克思著作中最常见的两个字是"批判"。浪漫主义的虚无感并没有给予现实以任何可靠的承诺,当浪漫的理想在现实面前触礁时,它便碎成一地,一文不值。因此,对现实问题的批判,让马克思开始对自身浪漫主义的清算。

马克思突破青年黑格尔派的思想束缚,从社会存在考察社会意识。青年黑格尔派虽然看到尘世的现实世界与哲学理念间的差异,但其只是局限于精神领域的主观构想,不能从现实社会的批判入手,分析产生这种分离的社会根源。早在主编《莱茵报》期间，马克思就深入社会生活中，从林木盗窃法的现实反思，到摩塞尔河畔葡萄种植农民生活境遇的实际考察，他意识到现实的物质生活与主观的精神境界之间的辩证关系。通过现实的反思与批判，马克思找到了理解与分析的关键：将思维的、观念的东西拉回到现实的社会生活中加以考察。换言之，现实的经济利益上的差异，是形成观念上的不同的根源。这奠定了马克思唯物史观形成的思想基础，也构成马克思人生观思想的根基。

马克思借鉴费尔巴哈的人本学唯物主义，用一种"类本质"的思想来分析人的生活。他在《1844年经济学哲学手稿》中提出："人的类本质——无论是自然界，还是人的精神的、类的能力——变成人的异己的本质，变成维持他的个人生存的手段。"①人的类本质活动，即生产劳动。在现代社会境遇下，人的这种类本质却成为人不断走向异化的来源。马克思通过政治经济学的批判，揭示出现代生产条件下，人的劳动不断成为异于自身的活动。首先体现在活动的直接结果，即劳动产品同人相异化。当然，这是由资本主义社会特定的生产资料所有制关系所决定的。在这一社会前提下，人的生产劳动进一步导致人同人的活动乃至人与人、人与其类本质的异化。通过对人的异化生存状态的揭示，马克思更进一步深入社会的现实批判本身。

马克思还在《关于费尔巴哈的提纲》中指出："哲学家们只是用不同的方式解释世界，而问题在于改变世界。"②在创立唯物史观的过程中，马克思对深刻影响过他的旧哲学作了无情的批判。他运用理论真气打通任督二脉，与旧哲学彻底决裂。早期的《黑格尔法哲学批判》《神圣家族》《哲学的贫困》等重要著作，都是马克思在这一时期思想的重要结晶。

在资本批判中完善，打破旧世界。

---

① 《1844年经济学哲学手稿》，人民出版社2018年版，第54页。
② 《马克思恩格斯全集》第3卷，人民出版社1972年版，第6页。

没有用现实丈量理论的人，没有把彼岸世界与尘世生活结合在一起的人，便不能成为一个真正的智者，甚至不可能是一个现实的人。马克思对人生的理解，没有停留在哲学批判的圈子里，而是回归尘世，进一步反思与批判资本主义社会现实，进而批判人的生存境遇的现实。

马克思生活的时代，车马很快，书信不远，他却将其一生的大部分时间都用来做一件事：对资本主义社会进行现实批判。马克思从人类的物质生产实践出发，反思资本主义社会用以剥削人、压迫人的实质，从而与离开社会生活进行社会批判的抽象方式区分开来。在社会批判过程中，他阐述了人的本质、人的异化等丰富的人生哲学思想。马克思进行资本主义社会批判的理论，建立在他对社会结构的科学把握基础之上。

在《〈政治经济学批判〉序言》中，马克思阐述了对社会结构的总体思考，人类的生产活动产生了生产力与生产关系的分殊。当生产力与生产关系，经济基础与上层建筑，随着现实的不断发展而发生相互冲突，或后者的发展不再能适应前者的进步时，社会革命的时代便已到来。社会力量会通过革命方式改变现有经济结构，用新的方式代替原有经济结构。换言之，在社会发展诸要素中，生产力是人们应用能力的结果，内生性的动力源泉。这便是马克思对社会结构的总的看法和根本观点。

在资本主义社会中，不断发展的生产力借助于最初的原始积累获得原初动力。原始积累的一个充分体现，便是所谓"羊吃人"的圈地运动，造成劳动者与其劳动资料的首次分离。通过圈地运动，封建社会的劳动者成为新的社会条件下的"自由"的劳动力因素，这一因素成为日后阶级分化的一个方面。与这一方面相对应的，资本的占有者成为与其相对立的另一阶级。所以，在原始积累阶段，资本主义的生产关系不断产生，并伴随资本主义生产的推进，社会的不同群体、不同阶层都简单化为资产阶级和无产阶级两大对立的阶级。因此，原始积累归根结底是现实的劳动因素。简言之，现实的人的因素的积累。

在资本逻辑批判的基础上,马克思深刻揭示了机器生产时代人的异化状态的进一步发展。在《1861—1863年经济学手稿》中,马克思具体分析了机器的应用,给人的生存带来的全面异化状况。劳动者的划分不再需要特定的技能,只由时间来划分,半日工、全日工便是劳动者的所有属性。而空间的因素也脱离了劳动者现实的生产场域,劳动者在机器所规定的空间中实施简单的操作,沦为机器的附庸。这是现时代劳动资料对劳动者的再次脱离。然而,与原始积累阶段的那种简单脱离不同,这次脱离带来的是劳动者生存境遇的全面异化。因此,随着资本主义生产的不断推进,劳动者越来越丧失对生产的控制。与人的异化相适应,人越来越片面化、越来越不自由,导致最终反抗行为的产生。这便是革命时代到来的内在机理,也是马克思提出作为人的自由全面发展的社会状态,即共产主义社会产生的缘由。

马克思的哲学批判与政治经济学批判,在人的存在本质上有着共同的思想前提:以实现人的自由全面发展为价值旨归。与以往的思想家不同,马克思并不抽象地谈论人生价值、人生追求,而是将这一问题的探讨与现实社会批判相结合,从社会现实角度挖掘这一价值追求实现的具体途径。这为人们认识和对待当今社会上流行的各种人生观念,提供了思想指引。

指明人生之旅目标——役物而非役于物。

马克思是唯物主义者,不是其敌人攻击的那样——沉浸于物欲横流的世界。从他对拜物教的批判及其贫困潦倒却矢志不渝的一生来看,马克思才是真正的"不役于物",不被眼前的物质诱惑所奴役。《荀子·修身》曰:"君子役物,小人役于物。"君子可以控制对物质的追求,小人只能被物质所左右。如此看到,马克思乃真君子也!

与马克思生活的时代不同,现代社会是个物质生产能力高度发展的社会。时下,马克思所探讨的拜物教观念在社会上表现得更加淋漓尽致。一些人对于物质财富的欲望空前膨胀,习惯将金钱作为评判一切的标尺。有的在人生价值、人生意义上,常常将经济因素作为衡量个人发展的标准;有的在评判他人时,看到的可能不是其才能、道德修养,更多的是经济上的考量。这是人生观偏离正确航向的具体表现,亟须纠偏、返航。

马克思的人生观思想能让人们超越现实状况,为反思和批判社会提供了思想指引。马克思通过对资本主义社会的批判分析,发现剩余价值生产的本质,进而揭示出资本生产对于人自身的奴役。在现代社会里,资本逻辑依然支配着经济发展过程,物质财富的极大提升无法掩盖这一社会特征。现代人越是一味地追求物质财富,越是积极从事消费的劳作,就越被吸纳到现代生产体系,越是沦为资本生产的工具。

现代人在人生观上的拜金主义、享乐主义倾向,正是资产阶级社会消费的意识形态作用的结果。这种意识形态通过现代媒介尤其是新媒体的大幅宣传,在人们头脑中灌输一种通过消费便可以展示自身个性、展示自身独特品位的思想观念。这种思想观念已深入现代人社会生活的各个方面,如对金钱、对职业选择等,这种意识形态对人的全面控制在现代社会已成为不争的事实。

要从这种意识形态的操控中挣脱出来,必须把马克思用来批判现代社会的理论和方法,融入当今发达资本主义社会的批判中,深挖这些人生观上歪曲看法出现的深层次的经济根源和社会根源。用正确的人生观来替代庸俗的拜金观,实现在人生观上的升华。

坚定人生之旅态度——要积极而不要沮丧。

在现实生活中,人们在人生旅途中总要经历一些风雨,从唯物辩证法的角度看,这是前进性与曲折性的统一。然而,有些人缺乏持之以恒的信心和意志。他们虽有拥抱大海的愿望,却缺乏独自航行的勇气,遇到一点风雨踟蹰不前,到达不了胜利的彼岸。这不仅是一个理论问题,而且是一个实践问题。

翻开 20 世纪 80 年代的史料,关乎青年命运最重要的文本,便是著名的"潘晓来信"。1980 年 5 月,一封署名"潘晓"的读者来信"人生的路呵,怎么越走越窄……",发表在《中国青年》杂志上。这封信书写了人生痛苦与创伤,一经发表,立即引发一场全国范围内关于人生观的大讨论。

有的人将"潘晓讨论",用人生意义大讨论的概念来解释。这没有什么问题,但后者的概念范畴更广阔。"潘晓"面临的具体问题或许早已不复存在,但作为一种整体现象的人生意义争鸣始终存在。从狭义的"潘晓讨论",到广义的人生意义讨论,时代在变幻,但保持进取的人生态度不能变。正如互联网上的一句流行语:尽管生活虐你千万遍,依然要对待生活如初恋。"马克思一生饱尝颠沛流离的艰辛、贫病交加的煎熬,但他初心不改、矢志不渝,为人类解放的崇高理想而不懈奋斗,成就了伟大人生。"[①]既然选择了远方,便只顾风雨兼程,唯物史观者不需要也不善于吹嘘个人的丰功伟绩,然而摆在事实面前的是,马克思积极进取的人生态度支撑着他的革命生涯,使他在最困难的时刻仍然不忘初衷、继续前进。

正确评价人生价值——兼顾个人与社会。

马克思的人生观关注人的正当利益,以集体主义为核心处理利益矛盾。人的价值在于创造价值,在这之后涉及被"创造出的价值",也就是人们常说的利益分配。马克思的人生观关注并肯定人的正当利益,绝不否定、忽略个人的价值,认为人们奋斗所争取的一切,都同他们的利益有关。人们从事物质资料的生产活动、结成一定的社会关系、进行政治活动和社会革命,都是由利益决定和支配的。既然如此,我们应当学会保护和伸张个人的正当利益。

共产主义既不拿利己主义来反对自我牺牲,也不拿自我牺牲来反对利己主义,无论是利己主义还是自我牺牲,都是一定条件下个人自我实现的一种必要形式。马克思主义不单单关注社会个体的利益,而是将个人利益置于集体、社会的有机整体中来考量。个人、集体、社会,是相互影响、相互制约的作用。社会基础和条件是前提,社会只有具备某

---

① 习近平:《论党的宣传思想工作》,中央文献出版社 2020 年版,第 319 页。

种基础和条件后,社会成员才能在其中安然生存、自由发展,而人的满足和实现与社会发展又进一步形成新的互动关系。在根本上,个人利益、集体利益、社会利益是一致的,个人脱离集体、社会是没有意义的,人离开社会是不能成长的,个人与集体、社会有着重要的联系和影响。同时,集体是人的集合,是每个人生存的基础、生活的平台,是个人实现发展的空间维度,绝对的个人只等于零。因此,只有在集体中个人才能获得全面发展其才能的手段,也就是说,只有在集体中才可能有个人自由。集体利益具有最高性和指导性,当个人利益与集体利益、社会利益发生矛盾相互碰撞时,个人利益应该为集体利益、社会利益做出让步;个人利益具有合法性,是神圣不可侵犯的,在处理个人利益、集体利益、社会利益的过程中,不应忽视其中任何一方面,它们之间应当处于和谐的发展之中。

三、读懂马克思价值观真谛

苏格拉底说过,"未经审视的人生是不值得过的"。所谓"审视"就是要探寻生命的意义,人生的价值。海德格尔讲,"人诗意地栖居在大地之上"。其大意是说,生活与生存的区别在人追求生活的意义与价值。马克思认为,价值是从人们对待满足他们需要的外界物的关系中产生的。通俗地说,是指事物对人的有用性,它具有满足人的某种需要的属性和功能。既然谈到价值,就会涉及事物价值的大小、衡量标准,对事物价值进行评价,于是便产生了价值观。

价值观是指人们对人、事、物等客观事物,有无价值以及价值大小的认识和态度,是一个人对周围的客观事物的意义、重要性的总评价和总看法。一方面,表现为价值取向、价值追求,凝结为一定的价值目标;另一方面,表现为价值尺度、价值准则,成为人们判断事物有无价值及价值大小的评价标准。

《敬业和乐业》是梁启超于 1922 年 8 月创作的一篇演讲稿,论述了有业之必要,敬业和乐业之重要。其中有两段文字,不仅有趣又有味,而且表明价值观因人而异,其有无价值和价值大小,关键取决于个人的价值取向、价值追求。

第一段文字是,孔子说:"饱食终日,无所用心,难矣哉!"又说:"群居终日,言不及义,好行小慧,难矣哉!"孔子是一位教育大家,他心目中没有什么人不可教诲,独独对于这两种人便摇头叹气说道:"难!难!"可见,人生一切毛病都有药可医,唯有无业游民,虽大圣人碰着他,也没有办法。

第二段文字是,唐朝有一位名僧百丈禅师,他常常用两句格言教训弟子,说道:"一日不做事,一日不吃饭。"他每日除上堂说法之外,还要自己扫地、擦桌子、洗衣服,直到八十岁,日日如此。有一回,他的门生想替他服务,把他本日应做的工悄悄地都做了,这位言行相顾的老禅师,老实不客气,那一天便绝对的不肯吃饭。

人无精神则不立,国无精神则不强。毛泽东有句名言:"人是要有一点精神的"。① 人的精神状态,是人的价值取向、价值追求的具体表现。一个人和一个国家唯有精神上站得住、站得稳,才能在历史洪流中屹立不倒、挺立潮头。革命战争年代,中国共产党带领中国人民凭着"革命加拼命"的精神,推翻了帝国主义、封建主义、官僚资本主义三座大山,建立了人民当家作主的中华人民共和国,实现了民族独立、人民解放。

同困难作斗争,是物质的角力,也是精神的对垒。新中国成立后,毛泽东的"中国人死都不怕,还怕困难么",代表了中国人民的精神状态。正是满怀这种精气神,中国人确立起社会主义基本制度,推进社会主义建设,战胜帝国主义、霸权主义的颠覆破坏和武装挑衅,实现了中华民族有史以来最为广泛而深刻的社会变革,实现了一穷二白、人口众多的东方大国大步迈进社会主义社会的伟大飞跃。

---

① 《毛泽东文集》第七卷,人民出版社1993年版,第162页。

革命和建设需要奋发有力、百折不挠的精神状态,改革开放同样如此。1992 年,邓小平在南方谈话中指出:"没有一点闯的精神,没有一点'冒'的精神,没有一股气呀、劲呀,就走不出一条好路,走不出一条新路,就干不出新的事业。"①有了那么一股气呀、劲呀,我们开创、坚持、捍卫、发展中国特色社会主义,实现了从高度集中的计划经济体制到充满活力的社会主义市场经济体制、从封闭半封闭到全方位开放的历史性转变,实现了从生产力相对落后的状况到经济总量跃居世界第二的历史性突破,中国大踏步赶上了时代!

中国特色社会主义进入新时代。习近平同志强调:"良好的精神状态,是做好一切工作的重要前提。"②中国共产党人和中国人民保持锐意创新的勇气、敢为人先的锐气、蓬勃向上的朝气这"三股气",坚定理想信念,战胜一系列重大风险挑战,实现第一个百年奋斗目标,明确实现第二个百年奋斗目标的战略安排,党和国家事业取得历史性成就、发生历史性变革,中华民族迎来了从站起来、富起来到强起来的伟大飞跃。

伴随中国对外开放的大门越打越开,有的人受资本主义社会价值观的影响,出现了一些不良的价值观。这对于人们正确认识事物价值会产生消解作用,也不利于社会主义核心价值观的培育和弘扬。

个人至上的价值观。这是一种从个人至上出发,以个人为中心来看待世界、看待社会、看待人际关系的价值观。这种价值观认为人的本质是自私的,以个人主义、小团体本位主义为自己的立身处世原则。个人主义伴随生产资料私有制的出现而产生,伴随私有制的发展而发展。资本主义制度是生产资料私有制的最后的最完备的社会形态,个人主义在资产阶级身上发展到了高峰。树立这种价值观的人,处处为自己着想,把个人利益凌驾于集体利益、社会利益之上,直接表现为自私自

---

① 《邓小平文选》第三卷,人民出版社 1993 年版,第 372 页。
② 习近平:《之江新语》,浙江人民出版社 2017 年版,第 60 页。

利,不愿意帮助别人、关心他人,不愿意参加集体活动和社会活动。这与社会主义核心价值观富强、民主、文明、和谐,自由、平等、公正、法治,爱国、敬业、诚信、友善"24字"的基本内容,是格格不入的。

金钱至上的价值观。这种价值观崇尚金钱、物质,把获取金钱、物质当作人生价值观的标准,一切"向钱看"。现实生活中,有的人经不住金钱和物质的诱惑,为了走上所谓的"终南捷径",肆意颠覆过去为人们所唾弃的价值观。比如,有的人把"挣钱多"作为衡量人生幸福的标尺,认为"书读万卷不如腰缠万贯",更有甚者忘记"君子爱财,取之有道"的古训,在金钱的诱惑下,不择手段,不惜出卖自己的灵魂和信仰走上犯罪的道路。再如,有的人把金钱看成衡量人生价值大小的唯一标准,干事创业不是看前途而是图钱,"前途前途,有钱就图",成为他们的口头禅。

除生活上受资本主义社会价值观的影响以外,在政治上,少数人的价值观也受到资本主义社会价值观渗透。例如,追求所谓的自由主义、民粹主义,推崇所谓的"自由、平等、博爱"等。实际上,资本主义社会的价值观是一种异化的价值观。马克思对资本主义价值异化现象,进行了彻底的批判。

 布袋小知识

价值异化是指颠倒价值主体与价值客体的地位,如人们创造了一个新的世界:开设了工厂,建造了高楼大厦,发明了汽车,缝制了衣物,生产出粮食和水果。然而,这一切创造的世界,反而成了人的主宰者。

马克思价值观的终极目标,就是实现人的自由全面发展与个性的满足。它充分体现了广大劳动人民群众和整个进步人类的根本利益,是以解放全人类作为自己根本价值追求的。虽然人的自由全面发展一时难以实现,但马克思寄希望于未来的共产主义社会。共产主义社会是马克思价值的最终实现与体现,它能够为价值的实现提供充分的条件。

共产主义社会能够克服人的自我异化,进而可以克服价值异化。马克思指出:"共产主义是私有财产即人的自我异化的积极的扬弃,因而是通过人并且为了人而对人的本质的真正占有;因此,它是人向自身、向社会的(即人的)人的复归,这种复归是完全的、自觉的而且保存了以往发展的全部财富的。"①这种共产主义,是人和自然界之间、人和人之间的矛盾的真正解决,是存在和本质、对象化和自我确证、自由和必然、个体和类之间的斗争的真正解决。它可以解决人与人之间的矛盾,回归人的本质,有利于实现人的价值主体地位。自由是价值实现的必要条件,没有自由价值也就无法实现。共产主义社会能够提供充分的自由,它是一个自由人的联合体。马克思认为只有在共产主义社会中,才能实现真正的、充分的自由,才能充分实现人的价值;实现人的完全解放,把人从自发的劳动分工中解脱出来。

时下,有人说当今社会是一个功利主义较为盛行的社会。从某种意义上讲,人们的价值理想目标有所失落,功利性、世俗性较强,导致不同程度地出现社会道德滑坡、人心冷漠和世态炎凉的现象。只有重新确立价值在现实生活中的地位,以此规范个人行为、引领社会,当今社会才会更加和谐,生活才会更加美好,内心才会更加安宁。我们要读懂马克思价值观的真谛,因为马克思的价值观至今具有重要指导意义。

价值观与利益观的博弈,谁之胜利?

价值与利益是义与利的关系,一直以来二者之间就是矛盾的、不可调和的、此消彼长的关系。所以,孟子提倡舍利取义。时下,有人为了利益,不惜抛弃价值,一味奉行利益至上的原则。例如,现实生活中,假冒伪劣产品充斥市场,在每年"3·15"打假晚会上,都会曝光一批冒充

---

① 《马克思恩格斯全集》第42卷,人民出版社1972年版,第120页。

"李逵"的"李鬼"。这都与追求利益最大化、价值观缺失有关。

长期以来,人们把马克思的价值观与利益观对立起来,要么讲马克思的价值观,而反对马克思的利益观;要么讲马克思的利益观,又忽视马克思的价值观。其实,马克思的价值观与利益观是内在统一的。

马克思并不否认利益,他认为每一既定社会的经济关系首先表现为利益。马克思提出人的一切活动都同他们的利益有关,充分肯定正当的合理的个人利益,突出强调个人利益实现的重要性。他指出:"私人利益本身已经是社会所决定的利益,而且只有在社会所创造的条件下并使用。"①马克思有价值观,并不等于他反对利益。这正如邓小平所指出的:"每个人都应该有他一定的物质利益,但是这决不是提倡各人抛开国家、集体和别人,专门为自己的物质利益奋斗,决不是提倡各人都向'钱'看。要是那样,社会主义和资本主义还有什么区别?"②我国历来主张,在社会主义社会中,国家、集体和个人的利益在根本上是一致的。为了国家和集体的利益,为了人民大众的利益,有时就要牺牲个人的利益。

马克思并不反对现实的利益,但个人的利益要符合全人类的利益。马克思、恩格斯认为,既然正确理解的利益是全部道德的原则,那就必须使人们的私人利益符合于人类的利益。他们强调,正是由于特殊利益和共同利益之间的这种矛盾,共同利益才采取国家这种与实际的单个利益和全体利益相脱离的独立形式,同时采取虚幻的共同体的形式。而全人类的利益,就是全人类价值的终极体现。个人利益要符合全人类的利益,就是要个人利益符合人类的价值。因此,马克思的利益观与价值观是内在统一的。马克思并没有突出强调价值观而否认利益观,也没有为了利益而否认价值,而是要在个人利益与全人类利益相统一的基础上,实现利益观与价值观的统一。

---

① 《马克思恩格斯全集》第 46 卷(上),人民出版社 1972 年版,第 102 页。
② 《邓小平文选》第二卷,人民出版社 1994 年版,第 337 页。

个人价值与社会价值的较量,如何协调?

个人与社会的关系,是私与公的关系。如何协调个人与社会,妥善处理私与公的关系?是大公无私还是私而忘公,是先公后私还是先私后公?关于这一问题,出现了几种不同观点。

有的人用丰富的事例证明公而忘私的人是有的,且符合中华优秀传统文化的传承与弘扬,他们倡导不断扩大公的阵地,尽可能地限制私的发展。然而,片面重视公而轻视私,会导致一种"多数人的暴政",是对个人利益的否定,最终也不利于集体和社会的稳定与发展。

有的人觉得公是私的总和,私是公的基础和出发点,先有个人利益,然后才能谈得上集体和社会利益,要求社会活动都应当把个人利益看成源头、放在首位,为公是手段、为私才是真正的目的。他们认为,大公无私,毫不利己、专门利人,都是不科学的。

有的人认为,大公无私是道德理想,在现实社会的经济条件下没有这样的人,所以不能把其作为道德规范来要求。他们甚至觉得在当今社会中就是金钱决定一切,地位决定一切,个人幸福决定一切。片面重视私而忽视公,会导致一种"无政府的状态",社会成为每个人争夺利益的场所,人与人之间是"狼对狼的关系",不仅不利于社会的共同利益,最终也损害个人的生存和发展利益。

如何科学协调个人价值与社会价值的关系?马克思的价值观给出了正确答案。他认为,人具有双重属性。一方面,每个人是以个体的形式存在的,具有强烈的个体性。每个个体都具有出生、生长、衰老、死亡的自然发展过程,有自身的遗传、变异及全部生理机能,这是人口在自然规律作用下的个体生物属性。另一方面,人又是社会性的动物。生活在社会中,每个人都打上社会的烙印,离开社会人就无法生存。

人自从娘胎里出来,不管是否愿意,已成为社会的一员。在他呱呱坠地的当儿,其社会角色已被赋予。家庭关系中的称谓,如儿子、女儿、妈妈、爸爸、丈夫、妻子等;社会关系中的称谓,像战友、同学、朋友、邻居、同事等。这一切称谓都是对人在社会坐标中的定位,社会角色的肯定;是社会属性的载体,也是规范人的行为的社会规矩。家庭和社会关系的各种角色早有规范在那里,应该怎么做、不应该怎么做、怎样做才好,都不能自己说了算,要用社会行为规范来衡量,由同属社会人的其他人来评判。刚出生时,人的社会属性占据得比较少,自然属性要多。从婴儿到儿童,再到少年、青年、中年直至老年,社会赋予人的社会角色越来越多,社会属性占据的比例就越来越大。这样,每个人必然面临着个人性与社会性的冲突。体现在价值上,就是个人价值与社会价值的较量。

在资本主义社会里,个人价值与社会价值是完全对立的。个人为了满足、实现自身的价值,不惜损害社会的价值。但是,在马克思看来,人的本质不是单个人所固有的抽象物,在其现实性上,它是一切社会关系的总和。他指出人的本质是人的真正的社会联系,所以人在积极实现自己本质的过程中创造、生产人的社会联系、社会本质,而社会本质不是一种同单个人相对立的抽象的一般的力量,而是每一个单个人的本质,是他自己的活动,他自己的生活,他自己的享受,他自己的财富。人的个人性与社会性是内在统一的。这就决定人的价值是社会价值与个人价值的统一。只有在社会中,人的自然的存在对他来说才是自己的人的存在,并且自然界对他来说才成为人。因此,人是社会性的动物。只有在社会中,人才真正成为人。所以,个人的价值与社会价值是统一的。人的个人价值要通过社会价值来体现和实现,社会价值的实现也离不开无数的个人价值。个人真正价值的实现,最终要体现为社会价值。

个人的真正价值在于对社会的责任和贡献,马克思的一生是为人类的解放事业奋斗终生。早在青年时期,他就指出:"人们只有为同时代人的完美、为他们的幸福而工作,才能使自己也达到完美。"①这正是马克思价值观的真实写照。他强调社会价值的实现,但没有否认个人价值,以社会价值取代、抹杀个人价值。长期以来,社会上不同程度地存在着突出社会价值而压制个人价值的现象。实际上,社会价值离不开个人价值。马克思指出每个人的自由发展是一切人的自由发展的条件,而不是一切人的自由发展是每个人的自由发展的条件。因此,突出强调个人价值实现的重要性。这充分表明马克思对个人价值的肯定。

价值的现实性与理想性统一,是否可能?

价值是一种理念、一种思想、一种愿望。价值如何才能具有现实力量,如何产生现实行动,这是人们不得不面对的问题。当前,人们面临的问题是过于追求价值的现实性,因而否认了价值的超越性。在某种意义上,这就否认了价值的存在。人们只追求现实的功利,缺乏长远的理想追求,最终只能导致陷入困境。马克思的价值观,是现实与理想的

---

① 《马克思恩格斯全集》第40卷,人民出版社1972年版,第7页。

统一。他既突出强调价值的现实性,必须从现实的社会生活出发。这就说明,价值的实现离不开具体的历史条件。可他又突出强调价值的超越性,价值具有指向未来的开放性。马克思实现了价值的现实性与理想性的具体的统一。

价值观的现实基础回归。马克思的价值观具有强烈的现实关怀,他强调价值的实现必须立足于一定的社会的物质基础之上,并批判了资产阶级、小资产阶级和空想社会主义者价值观的虚伪性、欺骗性、空想性。他非常注重价值观的现实性,反对抽象的价值观,反对脱离现实物质生产关系来谈价值的实现。他还认为,在社会生产力取得极大发展、物质财富极大丰富,人们的精神境界极大提高之前,每个人价值的实现程度必然受限。这一点不以人们的意志为转移,具有历史必然性。无论看待价值还是实现价值,都必须坚决从社会现实出发。

价值的未来走向趋势明确。马克思坚持以人的自由全面发展为目的的崇高价值理想,把人的自由全面发展定为人类价值的最终实现目标。他的远大价值理想不是空想,更不是幻想,而是建立在科学基础之上的。马克思、恩格斯以社会化生产力作为理论和实践的出发点,从社会发展的最终决定力量,即生产力发展的客观要求出发,认定社会主义是资本主义自发力量推动下社会化生产力发展的必然结果。生产力的普遍发展造成世界交往的普遍发展,各民族的历史将转变为世界历史,而共产主义的实现正是以生产力的普遍发展和世界交往的普遍发展为前提的。因而,人的解放和自由全面发展,只有在历史转变为世界历史的条件下才能实现。每一个单独的个人的解放程度,是与历史完全转变为世界历史的程度相一致的。仅仅因为这个缘故,各个单独的个人才能摆脱各种不同的民族局限和地域局限,而同整个世界的生产包括精神的生产发生实际联系,并且可能有力量来利用人类创造的一切文明成果。各个个人的全面的依存关系、他们的这种自发形成的世界历史性的共同活动的形式,由于共产主义革命而转化为对那些异己力量的控制和自觉的驾驭,人终于成为自己的社会结合的主人,从而也就成为自然界的主人,成为自身的主人——自由的人。到那时,人们才完全自觉地自己创造自己的历史。

价值的现实性与价值的远大理想本质上是统一的。没有价值的远大理想,价值的实现就会失去前进的方向,像"鸵鸟"一样埋头眼前,失去长远。同样,如果没有价值的现实性,价值的远大理想就是空谈,也无法实现。马克思既坚持共产主义价值的崇高理想,又要求从现实实际出发,把价值的具体奋斗目标紧紧扎根于现实基础之上。马克思的价值观正是基于理想与现实统一基础上,而使其呈现出不同于以往的科学性。所以,马克思的价值观具有科学性。马克思注重价值观的现实性,并没有否认价值观的超越性、理想性。这也正是马克思价值观的科学性和历史进步之处。

马克思之所以能为全人类的解放事业奋斗终生,与他从青年时期就树立起正确的价值观,并为之坚持不懈是密不可分的。要想干出一番事业,实现自己的人生价值,我们必须自觉学习和带头践行马克思价值观,在一以贯之地推进中国特色社会主义伟大事业中,为实现马克思未完成的事业而奋斗。

第三章　如何掌握马克思主义立场观点方法

　　坚持马克思主义，最根本的是坚持马克思主义立场观点方法。杜绝把坚持马克思主义立场观点方法，当"口号喊"、作"标签贴"，关键是要弄清辩证唯物主义如何活用、弄懂历史唯物主义学什么、明白非马克思主义和反马克思主义有哪些等基本问题，把人民利益至上的根本立场、辩证唯物主义和历史唯物主义的根本观点、解放思想和实事求是的根本方法，同中国具体实际相结合、同中华优秀传统文化相结合，自觉做到发现问题、筛选问题、研究问题、解决问题。

一、实用又管用的辩证唯物主义如何活用

说到辩证唯物主义，人们是否有一种"似曾相识燕归来"的感觉，细一想，又是一番"小园香径独徘徊"的滋味。其实，辩证唯物主义离我们很近，甚至是日用而不察。它是一种实用又管用的世界观和方法论，关键是要学会活用。

之所以说辩证唯物主义实用又管用，关键是它的重要组成部分——唯物辩证法实用又管用。这问题就来了，辩证唯物主义和唯物辩证法两个看起来相似的基本概念，有着什么样的联系与区别呢？

辩证唯物主义和唯物辩证法的联系，主要表现在两个方面。一方面，二者同属马克思主义哲学范畴。众所周知，马克思主义哲学即辩证唯物主义和历史唯物主义，而辩证唯物主义由辩证唯物论、唯物辩证法、辩证唯物认识论组成。另一方面，二者相互渗透。在辩证唯物主义哲学学说中，唯物论是基础，辩证法是核心，认识论是灵魂。也就是说，马克思主义哲学的唯物论充满丰富的辩证法思想。例如，在承认物质决定意识的前提下，正确揭示了意识对物质具有能动的反作用；关于辩证法的思想又是建立在唯物论基础之上的，即承认世界的本质是物质的基础上，进一步揭示了物质世界联系和发展的原因、状态和发展趋势。

辩证唯物主义和唯物辩证法的区别，主要表现在四个方面。首先，二者内涵不同。前者是关于物质和意识的辩证关系学说，采用辩证法的观点研究世界的本质，所要说明的是世界的本质"是什么"的问题；后者是关于自然界、人类社会以及人类思维领域发展最一般规律的科学，在坚持唯物论观点的基础上，研究世界的运行状况、形态和发展规律，进一步回答客观世界究竟"怎么样"的问题。其次，二者所对应的哲学范畴不同。前者是与唯心论相对立的世界观和方法论，对立的根源在于对世界本原问题的不同回答；后者是与形而上学相对立的世界

观,其对立的焦点在于对"世界究竟处于怎样一种状态"所做出的不同回答。再次,二者的基本观点不同。前者的基本观点是:世界的本原是物质,主张物质决定意识,意识是对物质的反映,同时意识对物质有能动的反作用;后者的基本观点认为:世界是普遍联系的有机整体,同时又是变化发展的,联系和发展是辩证法的总特征。最后,二者方法论要求不同。前者从物质与意识的辩证关系出发,要求人们想问题、办事情都要坚持一切从实际出发,做到主观和客观具体的历史的统一;后者从承认矛盾、承认事物的内部矛盾是事物发展的根本动力出发,要求人们坚持用对立统一的观点看问题。

谈到唯物辩证法,先得从辩证法说起。马克思说:"辩证法对每一种既成的形式都是从不断的运动中,因而也是从它的暂时性方面去理解;辩证法不崇拜任何东西,按其本质来说,它是批判的和革命的。"① 辩证法一词源于古希腊文 dialektike téchnē,"古希腊人把揭露对方谈话中的矛盾及克服矛盾求得真理的方法,称为辩证法"。② 辩证法是用联系的、发展的和全面的观点去看世界,形而上学则是用孤立的、静止的和片面的观点去看世界。唯物辩证法与形而上学两种世界观,是联系和孤立、运动和静止、全面和片面、内因与外因的对立。

唯物辩证法与形而上学两种世界观为什么会出现截然不同的结果?我们可以从辩证法的发展历程来找寻答案。辩证法大致经过三个发展阶段,形成了三种主要形态。

第一阶段是古代朴素的辩证法,后来被形而上学的思维方式所代替。这是一种原始的、素朴的但实质上正确的世界观,它根据人们的直观经验把世界看作是一个由种种联系和相互作用交织起来的整体,认为其中没有任何东西是不动的和不变的,万物都处在不断的运动、变化、生成和消逝之中。我国《易经》中的"八卦"和以两卦相叠演化成的

---

① 《马克思恩格斯全集》第23卷,人民出版社1972年版,第22页。
② 《马克思主义大辞典》,崇文书局2017年版,第26页。

六十四卦的学说,从正反两方面的矛盾对立和相互转化来说明事物的发展,蕴含着朴素辩证法的萌芽。

第二阶段是近代唯心主义辩证法。黑格尔对唯心主义辩证法思想作出了重要贡献,他把整个自然的、历史的、精神的世界,描写为运动、变化、发展的过程,并企图揭示其内在联系。在描述这一过程的庞大哲学体系中,黑格尔阐发了丰富的辩证法思想,叙述了辩证的一般运动形式,但在其哲学中辩证运动是"绝对精神"的自我运动,自然界与社会的运动只是"绝对精神"运动的外化形式。在黑格尔看来,思维过程是现实事物的创造主,而现实事物只是思维过程的外部表现。

第三阶段是马克思、恩格斯创立的唯物辩证法。他们在继承人类思想史优秀成果的基础上,批判地吸取了黑格尔哲学的"合理内核"和费尔巴哈哲学的"基本内核",把辩证法和唯物主义有机地结合在一起。这可是人类思想史上的一次革命!毛泽东指出:"这个辩证法的宇宙观,主要地就是教导人们要善于去观察和分析各种事物的矛盾的运动,并根据这种分析,指出解决矛盾的方法。"①延安时期,陈云提炼出"不唯上、不唯书、只唯实,交换、比较、反复"的"十五字诀",认为前九个字是唯物论,后六个字是辩证法,总起来就是唯物辩证法。

如此这般阐释唯物辩证法,用以回答辩证唯物主义为何实用又管用,不仅过于概念化、抽象化,而且会让人觉得像雾像雨又像风,捉摸不定,理解不透。

好在毛泽东说过:"唯物辩证法认为外因是变化的条件,内因是变化的根据,外因通过内因而起作用。"②这就是著名的"内外因理论",可理解为认识唯物辩证法的"中国式通俗版"。它不仅论述内因和外因及其辩证关系,还是中国共产党制定和执行独立自主、自力更生等方针的基本方法论。学习领会"内外因理论"的基本内涵和精神实质,有利

---

① 《毛泽东选集》第一卷,人民出版社1993年版,第304页。
② 《毛泽东选集》第一卷,人民出版社1993年版,第302页。

于人们更好地理解辩证唯物主义何以实用又管用。

事物发展的根本原因不是在事物的外部,而是在事物内部的矛盾性。例如,人类社会的发展变化,主要是由于社会内部的矛盾运动所决定的,即生产力和生产关系之间的矛盾,阶级之间的矛盾,新旧之间的矛盾等。正是由于这些矛盾的变化,推动社会进步,推动社会制度更替。

内因和外因在事物发展过程中均起作用,但表现形式、性质和作用是不同的。内因是第一位的原因,它决定事物发展的性质、趋势和方向,是事物发展的根本动力;外因是第二位的原因,是事物变化和发展的条件,对事物的发展能起到加速或延缓的作用。毛泽东对此风趣地说,鸡蛋因得适当的温度而变化为鸡子,但温度不能使石头变化鸡子,因为二者的根据是不同的。

内因和外因是相互联系、密不可分的关系。光有内因没有外因,事物就失去变化的条件,失去时间、地点以及种种外在的因素,事物不会发生变化;反之,光有外因没有内因,事物的发展变化也无从谈起。正是内因和外因的共同作用,推动了事物的运动、变化和发展。

之所以说辩证唯物主义实用又管用,还因为唯物主义说到底就是要求人们按照世界的本来面目去认识世界,而世界的本来面目就是事物的矛盾运动。这就要求人们以唯物论和辩证法相统一的世界观和方法论,即辩证唯物主义的世界观和方法论去认识世界、改造世界。

辩证唯物主义是由一系列基本原理和基本范畴构成的理论体系,世界的物质统一性、事物的矛盾运动、认识的能动反映"三大原理"是基本原理。活用辩证唯物主义,学习掌握这"三大原理"尤显珍贵。

世界的物质统一性原理,是辩证唯物主义的唯物论基础,也是观察、分析、解决一切问题的立足点和出发点。它从物质与运动、物质与规律、物质与意识、自然存在与社会存在、自然规律与社会规律的相互关系中,揭示了世界的物质统一性。

事物的矛盾运动原理,是辩证唯物主义的基本内容,也是观察、分析、解决一切问题的方法论基础。它以对立统一、质量互变、否定之否定"三大规律",揭示了事物矛盾运动的根据、过程和趋势。

认识的能动反映原理,是辩证唯物主义的实践论基础,也是观察、分析、解决一切问题的主体性依据。它从认识的实践基础、认识的辩证运动、检验认识的真理性标准以及真理与价值的统一,揭示了认识世界、改造世界的基本规律。

辩证唯物主义的"三大原理"相互依存,密不可分。物质是标志客观实在的哲学范畴,运动是物质的根本属性和存在方式,世界是事物矛盾运动的存在形式,人的认识就是掌握事物矛盾运动的规律,人的实践就是依据事物矛盾运动的规律改造世界、实现自己价值追求的过程。其中,"物质"范畴是辩证唯物主义的基石,"矛盾"范畴是辩证唯物主义的灵魂,"规律"范畴是辩证唯物主义的实质,"实践"范畴是辩证唯物主义的核心。以物质、矛盾、规律、实践为基本范畴所构成的辩证唯物主义理论大厦,实现了"三大原理"的有机统一,形成了认识世界、改造世界的辩证唯物主义的世界观和方法论。

如果非要从辩证唯物主义"三大原理"中挑出一个重中之重来,那么重在掌握事物的矛盾运动原理,坚持以对立统一规律观察问题、分析问题、解决问题。这是因为,列宁在《哲学笔记》等著作中多次提到对立统一规律是辩证法的本质、实质、核心等。毛泽东认为事物的矛盾法则,即对立统一的法则,是唯物辩证法的最根本的法则。

唯物辩证法是马克思主义哲学的灵魂,主要包括关于事物存在的物质与精神、物质与运动、物质与规律、自然存在与社会存在、自然规律与社会规律;关于事物矛盾的现象与本质、整体与部分、形式与内容、原因与结果、偶然与必然、可能与现实;关于分析事物矛盾的内因和外因、共性和个性、相对和绝对、两点论和重点论;关于人与世界关系的主观与客观、理论与实践、历史与逻辑、理想与现实、自由与必然;等等。

至于如何以对立统一规律去观察问题、分析问题、解决问题,我们应当从"范畴是思维的联结点,又是认识的阶梯和支撑点"上来理解把握。马克思在《资本论》序言中提出："分析经济形式，既不能用显微镜，也不能用化学试剂。二者都必须用抽象力来代替。"①所谓抽象力，就是运用概念、范畴去把握、分析事物矛盾运动的理论思维。人的认识充满主观与客观、感性与理性、分析与综合、抽象与具体、逻辑与直觉、渐进与飞跃等诸种矛盾，在人的认识活动中，认识客观事物、掌握客观规律，与传承历史文化、发挥主观能动性是不能分割的；认识新的事物、分析新的矛盾，与解放思想、创新思维是不能分割的。由此可见，理论思维对于分析社会现象、解决社会问题，具有极为重大的现实意义。

综合上述，可以得出一个结论：活用辩证唯物主义，不仅要把辩证唯物主义"三大原理"结合起来，而且要学会运用唯物辩证法，还要结合当前国际国内形势，联系我们党和国家大事，观大势、谋全局、干实事，不断提高理论思维，不断增强辩证思维、战略思维能力。

学习掌握世界统一于物质、物质决定意识的原理，坚持从客观实际出发制定政策、推动工作。这是我们认识当下、规划未来、制定政策、推进事业的客观基点，不能脱离这个基点。坚持从客观实际出发，就是要坚持实事求是的思想路线。实事求是，是马克思主义的根本观点，是中国共产党人认识世界、改造世界的根本要求，是中国共产党的基本思想方法、工作方法、领导方法。不论过去、现在和将来，我们都要坚持一切从实际出发，理论联系实际，在实践中检验真理和发展真理。

辩证唯物主义是端正思想路线、坚持实事求是的理论基石。邓小平说过："搞社会主义一定要遵循马克思主义的辩证唯物主义和历史唯物主义，也就是毛泽东同志概括的实事求是，或者说一切从实际出发。"②坚持实事求是，最基础的工作在于搞清楚"实事"，就是了解实际、掌握实际。这就要求我们不断对实际情况作深入系统而不是粗枝大叶的调查研究，使思想、行动、决策符合客观实际。

---

① 《马克思恩格斯全集》第23卷，人民出版社1972年版，第8页。
② 《邓小平文选》第三卷，人民出版社1993年版，第118页。

布袋小知识

　　什么是实事求是,如何去把握? 实事,就是客观存在着的一切事物;是,就是客观事物的规律性;求,就是我们去研究、探索、把握客观事物的规律。坚持实事求是,要把握实事、分析实事、洞察实事,而把握、分析、洞察实事,最根本的方法就是调查研究。

　　毛泽东说过:"凡是忧愁没有办法的时候,就去调查研究,一经调查研究,办法就出来了,问题就解决了。"①从人的认识活动看,调查研究是从感性认识上升到理性认识的过程,是从把握事物的现象飞跃到认识事物的本质和规律的过程。调查是在科学的世界观和方法论的指导下,深入实践,努力全面把握客观情况;研究是对调查所获取的客观情况,运用理论思维进行分析综合、抽象概括,从"事"中求"是"。在调查研究中,立场、观点、方法不同,理论思维的水平和能力不同,其结果就迥然有别甚至截然相反。毛泽东强调不做调查没有发言权,不做正确的调查同样没有发言权。他认为打仗也是这样,凡是没有办法的时候,就去调查研究,还举例作了说明:在第二次反"围剿"的时候,兵少觉得很不好办,开头不了解情况,每天忧愁。我跟彭德怀两个人到白云山上跑了一天,察看地形,看了很多地方。我对彭德怀说,红一军团的四军、三军打正面,打两路,你的红三军团全部打包抄,敌人一定会垮下去。如果不去看呢? 就每天忧愁,就不知如何打法。调查研究就会有办法,大家回去试试看。

　　"调查研究是谋事之基、成事之道,没有调查就没有发言权,没有调查就没有决策权"②,习近平总书记还指出调查研究是做好工作的基

①　《毛泽东文集》第八卷,人民出版社1993年版,第261页。
②　中共中央宣传部:《习近平新时代中国特色社会主义思想学习纲要》,学习出版社、人民出版社2019年版,第249页。

本功。党的十九大明确了坚持和发展新时代中国特色社会主义的大政方针,作出了一系列重大工作部署,提出了一系列重大举措,关键是抓好贯彻落实。正确的决策离不开调查研究,正确的贯彻落实同样也离不开调查研究。只有坚持辩证唯物主义的世界观和方法论,既研究最大量、最普遍、最常见的事实,又研究最反常、最不近情理、最难以理喻的事实,尤其是研究最新出现、不断增长和具有普遍趋势的事实,才能从整体上、规律上把握客观事物,真正做到实事求是。

学习掌握事物矛盾运动的基本原理,不断强化问题意识,积极面对和化解前进中遇到的矛盾。问题是事物矛盾的表现形式,增强问题意识、坚持问题导向,就是承认矛盾的普遍性、客观性,要善于把认识和化解矛盾作为打开工作局面的突破口。

问题无处不在、无时不有,关键在于敢不敢正视问题,善不善于发现问题,能不能正确分析问题。坚持用辩证唯物主义和历史唯物主义方法,要善于具体问题具体分析,弄清楚哪些是体制机制弊端造成的问题,哪些是工作责任不落实造成的问题,哪些是条件不具备一时难以解决的问题;善于透过现象看本质,从繁杂问题中把握事物的规律性,从苗头问题中发现事物的倾向性,从偶然问题中揭示事物的必然性;善于抓主要矛盾和矛盾的主要方面,注重抓事关全局、事关长远发展、事关人民福祉的紧要问题,进而明确有效破解问题的主攻方向,带动全局工作,推进事业全面发展。

问题是时代的声音,每个时代总有属于它自己的问题。中国共产党人干革命、搞建设、抓改革,从来都是为了解决中国的现实问题。只有始终树立问题意识、坚持问题导向,科学分析问题、深入研究问题、弄清问题性质、找到症结所在,才能不断有效破解前进中的各种难题,才能开创新时代党和国家事业发展新局面。

学习掌握唯物辩证法的根本方法,不断增强辩证思维能力,提高驾驭复杂局面、处理复杂问题的本领。辩证思维能力就是承认矛盾、分析矛盾、解决矛盾,善于抓住关键、找准重点、洞察事物发展规律的能力。

　　不断提高辩证思维能力,需要运用辩证唯物主义观察事物、分析问题、解决问题,在矛盾双方对立统一过程中把握事物发展规律,克服极端化、片面性。党和国家的事业越是向纵深发展,就越要学会运用辩证法,善于"弹钢琴",不断增强辩证思维能力。当前,我国社会各种利益关系十分复杂,这就要求我们善于处理局部和全局、当前和长远、重点和非重点的关系,在权衡利弊中趋利避害,作出最为有利的战略抉择。

　　高屋建瓴,统观世事,见微知著,是辩证思维的实践智慧。全面深化改革是决定当代中国命运的关键一招,也是决定实现全面建成社会主义现代化强国、实现中华民族伟大复兴的关键一招。既要突出改革的系统性、整体性、协同性,使改革成果更多更公平惠及全体人民;又要反对形而上学的思想方法,看形势做工作不能盲人摸象、坐井观天、揠苗助长、削足适履、画蛇添足;还要坚持发展地而不是静止地、全面地而不是片面地、系统地而不是零散地、普遍联系地而不是单一孤立地观察事物,准确把握客观实际,真正掌握规律,妥善处理各种重大关系。

　　不断增强辩证思维能力,要准确把握我国不同发展阶段的新变化新特点,使主观世界更好符合客观实际,按照实际决定经济社会发展的方针政策。这是必须牢牢记住的工作方法。同时要看到,辩证唯物主义并不否认意识对物质的反作用,而是认为这种反作用有时是十分巨大的。正因如此,中国共产党始终把思想建设放在党的建设的重要位置,强调"革命理想高于天",也就是精神变物质、物质变精神的辩证法。

　　进入新时代,只有不断加强理想信念教育、思想道德建设和意识形态工作,大力培育和弘扬社会主义核心价值观,我们才能增强"四个意识",坚定"四个自信",做到"两个维护"。

　　学习掌握认识和实践辩证关系的原理,坚持实践第一的观点,不断推进实践基础上的理论创新。理论是规范人的思想和行为的各种概念系统,它源于实践,用于指导实践,要根据时代变化和实践发展,不断深化认识,不断总结经验,不断实现理论创新和实践创新良性互动。

　　让理论之树常青,不断实现理论创新和实践创新良性互动,重在提高理论思维水平。理论思维是以概念系统为内容的把握世界的基本方式,它以逻辑化、体系化的概念,系统规范人们想什么和不想什么、怎么想和不怎么想、做什么和不做什么、怎么做和不怎么做。也就是说,规范人们的思想内容和思维方式、行为内容和行为方式。理论思维对人的认识和实践的作用,主要体现在它的解释功能、规范功能、批判功能和引导功能。理论背景不同,理论思维水平不同,直接地制约人们对现实的把握和理解。

辩证唯物主义是建立在通晓思维历史及其成就的基础上的理论思维形式。恩格斯认为,每个人都天生地具有理论思维能力,但是这种能力必须是自觉培养和不断提升的。为此,我们要以提高理论思维能力为抓手,带头活学活用实用又管用的辩证唯物主义。

二、历史唯物主义学什么、怎么学

"一生中能有这样两个发现,该是很够了。"恩格斯总结马克思一生伟大贡献时所说的两个发现:一个是唯物史观,另一个剩余价值学说。历史唯物主义是马克思主义哲学的重要组成部分,它对人类社会发展一般规律的深刻揭示,放射出真理的光辉,照耀人们的前行之路。

看到这里,有人会存疑:历史唯物主义与唯物史观是什么关系?为什么说历史唯物主义的创立是社会历史观中的伟大变革?时至今日为什么还要学习历史唯物主义?

历史唯物主义是一个哲学概念,研究的对象是整个世界;唯物史观是一个历史学概念,研究的对象是人类历史。它们都是马克思主义的社会历史观,是同一概念在不同领域的应用。

历史唯物主义与历史唯心主义,是两种根本对立的历史观。19世纪中叶,马克思、恩格斯把唯物主义贯彻到社会历史领域,创立了历史唯物主义,第一次把社会历史的研究奠定在科学的基础上,宣告了唯心史观的破产,使社会主义从空想变为科学。恩格斯说,这种新的历史观对于社会主义的观点有极其重要的意义。列宁高度评价历史唯物主义，认为它是"科学的社会学""唯一科学的历史观"。

时至今日，为什么还要学习历史唯物主义？历史唯物主义以强大的理论解释力和现实穿透力，战胜唯心史观和各种错误思想，引领人类社会在历史的时空隧道中寻找到正确方向。历史唯物主义推动了世界社会主义的发展，为人类文明进步和社会发展提供了强大思想武器。一方面，它对社会存在与社会意识的关系、社会基本矛盾及其运动规律的揭示，让人类社会找到了前进的方向和发展的动力。它明确了社会存在对社会意识的决定作用，肯定了人民群众是历史的创造者，对于我们今天建设中国特色社会主义，解决"为何发展""发展为了谁""发展依靠谁"等问题意义重大。另一方面，它对社会历史发展规律的揭示，关于"两个必然"的科学论断，关于"两个决不会"的科学分析，让人们能在吸收人类社会一切文明成果的基础上解放生产力、发展生产力，在建设中国特色社会主义的进程中更加充满道路自信、理论自信、制度自信、文化自信。我们可以从三个层面，来理解学习历史唯物主义的重要性和必要性。

首先，历史唯物主义揭示了客观世界尤其是人类社会发展的一般规律。今天，我们所处的时代同马克思所处的时代相比，虽然发生了巨大而深刻的变化，但从世界社会主义500年的大视野看，我们依然处在马克思主义所指明的历史时代。这是因为，"资本主义社会的固有弊端与内在矛盾并没有消除，世界范围内两种意识形态、两种社会制度的历史演进及其较量仍在进行，马克思主义政党的历史任务没有变，人的自由全面发展仍然在路上"①。历史唯物主义在当今时代依然有着强大生命力，依然是指导中国共产党人前进的强大思想武器。

其次，思想建党、理论强党是中国共产党的一个好传统。1929年召开的古田会议，提出思想建党、政治建军的重大政治原则，要求从思

---

①　辛鸣：《深化马克思主义中国化理论研究》，《人民日报》2021年9月6日第10版。

想上政治上把党的队伍组织起来、武装起来,进行马克思列宁主义基本理论教育,使党员和红军指战员懂得无产阶级革命理论,运用辩证唯物主义和历史唯物主义观察和处理问题。回顾党的奋斗历程不难发现,"中国共产党之所以能够历经艰难困苦而不断发展壮大,很重要的一个原因就是我们党始终重视思想建党、理论强党,使全党始终保持统一的思想、坚定的意志、协调的行动、强大的战斗力"。①

再次,只有坚持辩证唯物主义和历史唯物主义,才能不断把对中国特色社会主义规律的认识提高到新的水平,不断开辟当代中国马克思主义发展新境界。这是历史的回音,更是现实的呼声。在中国革命、建设、改革各个历史时期,中国共产党人运用辩证唯物主义和历史唯物主义,系统、具体、历史地分析中国社会运动及其发展规律,在认识和改造世界中不断把握规律、运用规律,推动党和人民事业取得了一个又一个胜利。

弄清当今为何要学习历史唯物主义后,需要解决的一个问题是"怎么学"。这应当从了解马克思、恩格斯为何合著《德意志意识形态》入手,因为这部著作是历史唯物主义的奠基之作。

在《关于费尔巴哈的提纲》《哲学的贫困》《共产党宣言》等著作中,马克思、恩格斯批判了唯心史观,表达了他们逐步形成的历史唯物主义思想。1845 年秋至 1846 年 5 月,他们合作撰写的《德意志意识形态》,最先系统地论述了历史唯物主义的基本思想,并指出这种历史观与唯心主义历史观不同,它不是从观念出发来解释实践,而是从物质实践出发来解释各种观念。这可是两人的第二次携手合作,第一握手的成果是《神圣家族》。

《德意志意识形态》共分两卷:第一卷批判了费尔巴哈、鲍威尔等人的唯心史观,阐发了历史唯物主义的基本原理,论述了共产主义和无产阶级革命的理论;第二卷批判了当时德国流行的所谓"真正的"社会主义或"德国社会主义",揭示了这种假社会主义的哲学基础、社会根

---

① 《习近平谈治国理政》第三卷,外文出版社 2020 年版,第 74 页。

源和阶级本质。

《德意志意识形态》虽然在马克思主义发展史上占有十分重要地位,可令人十分遗憾的是,马克思、恩格斯生前并未看到这部著作的出版。关于个中缘由,1846 年 12 月,马克思在致巴维尔·瓦西里也维奇·安年柯夫的信中写得很是醒目:"您很难想象,在德国出版这种书要碰到怎样的困难,这困难一方面来自警察,一方面来自代表我抨击的一切流派的利益的出版商。"①

这难免让人有点费解,马克思、恩格斯"明知山有虎",为何"偏向虎山行"。也就是说,非要撰写《德意志意识形态》呢?

细读历史不难发现,任何重要事物或重要人物的出场,往往都有一个大的时代背景,潜藏着各种社会动因。《德意志意识形态》的问世,同样如此。它不是偶然发生的"事件",而是 19 世纪资本主义大工业及与之相应的社会经济关系和阶级关系等特定社会历史的必然产物,是人类认识发展的必然结果。正如毛泽东所指出的:"人们能够对于社会历史的发展作全面的历史的了解,把对于社会的认识变成了科学,这只是到了伴随巨大生产力——大工业而出现近代无产阶级的时候,这就是马克思主义的科学。"②

《德意志意识形态》的问世,是无产阶级革命运动蓬勃发展的必然要求。19 世纪三四十年代,无产阶级反对资产阶级的斗争由自发斗争阶段发展到自觉斗争阶段。这一斗争的形式由经济斗争发展到政治斗争,斗争的对象由捣毁厂房、破坏机器发展到指向整个资产阶级,斗争的范围从个别工厂、个别地区发展到全国性斗争。

法国里昂丝织工人两次起义、英国宪章运动、德国西里西亚纺织工人起义的相继爆发,更是标志着无产阶级作为独立的政治力量登上了历史舞台。然而,欧洲三大工人运动均以败北告终。其中,一个重要原

① 《马克思恩格斯全集》第 27 卷,人民出版社 1972 年版,第 488 页。
② 《毛泽东选集》第二卷,人民出版社 1991 年版,第 283—284 页。

因就是没有科学理论的指导。就像人在黑夜里摸索着行走,亟须一束灯光照亮前行之路。为适应无产阶级革命斗争的需要,马克思、恩格斯合作撰写《德意志意识形态》。

《德意志意识形态》的问世,是马克思、恩格斯积极参加无产阶级活动的必然产物。1845 年 7 月 12 日至 8 月 24 日,马克思、恩格斯前往英国旅行,在曼彻斯特和伦敦,他们阅读了大量有关经济、金融、贸易、商业以及政治方面的最新资料和最新著作,广泛接触了英国工人运动的活动家,并同其就共产主义的许多看法交换了意见。这使得马克思、恩格斯在理论研究和实践活动上取得重大收获,尤其是同较具国际性的英国工人运动在组织上建立起联系。

1846 年初,马克思、恩格斯在比利时布鲁塞尔创立"共产主义通讯委员会",亦称"共产主义联络委员会"①。其目的是同各国社会主义者和先进工人建立广泛联系,传播科学社会主义,团结教育工人阶级的先进分子,从思想上、组织上为建立无产阶级政党打下基础。同时,马克思、恩格斯以极大的热情投入《德意志意识形态》创作之中。

《德意志意识形态》的问世,是同德国理论界中形形色色的流派进行斗争的必然结果。当时,德国意识形态领域中的状况表现为:一是代表资产阶级利益的思想家们的理论,同当时的政治和经济状况已不相适应,甚至是格格不入的;二是肤浅的空想社会主义思潮,既给人们的思想造成混乱,也给革命实践带来不良影响;三是青年黑格尔派的理论局限性,激起马克思、恩格斯写作《德意志意识形态》的动因。

马克思曾公开承认自己是黑格尔"这位大思想家的学生",马克思、恩格斯还把费尔巴哈看作是"实证的人道主义"和社会主义的旗帜。正是这种高度的赞扬,曾一度让人们以为马克思主义同费尔巴哈之间没有什么区别。为了正确地评价黑格尔哲学和黑格尔哲学解体过程中形成的各种新的哲学流派,尤其是正确地评价青年黑格尔派和费

---

① 《马克思主义大辞典》,崇文书局 2017 年版,第 371 页。

尔巴哈哲学,阐明马克思主义和德国古典哲学之间的关系,成了马克思、恩格斯写作《德意志意识形态》的直接动因。

让人稍稍宽慰的是,《德意志意识形态》第二卷第四章曾在1847年《威斯特伐里亚汽船》杂志8月号和9月号上发表过。可是,恩格斯在《费尔巴哈论》"1888年单行本序言"中不无讽刺地说,既然我们已经达到了我们的主要目的——自己弄清问题,我们就情愿让原稿留给老鼠的牙齿去批判了。

让人暗暗庆幸的是,《德意志意识形态》最终以手稿的形式保存了下来。它原来没有总标题,现在的书名,源于马克思1847年4月6日发表的声明《驳卡尔·格律恩》中对这部著作的称呼。

历史唯物主义到底讲了什么?这就需要回答另一问题——"学什么"。让我们一起穿越到马克思撰写《〈政治经济学批判〉序言》的那段峥嵘岁月,看看马克思是如何对历史唯物主义进行经典概括的。

1859年1月,英国伦敦还处于严寒之中,在大英博物馆圆形穹顶图书室,满脸病容的马克思正匍匐在桌上专心写作,因为柏林出版商一直在催促他交稿。

最近几年来,马克思几乎天天来这里查资料、写文章。病痛缠身,使得刚过40岁的他,看上去苍老了许多。贫困交加,让他不得不撰写各类文字来换取稿费、养家糊口。这年1月底,他终于把其文稿寄给了书商。而这篇文稿,就是著名的《政治经济学批判〈序言〉》。

 布袋小知识

《政治经济学批判〈序言〉》,是马克思为《政治经济学批判》所写的序言。它曾于1859年6月4日发表在伦敦的德文报纸《人民报》第5期,发表时作了某些删节。

《政治经济学批判〈序言〉》最早由范寿康译成中文,1921年1月发表在上海《东方杂志》第18卷第1号。

《政治经济学批判〈序言〉》仅 3000 字左右，马克思先是简略地回顾了自己研究政治经济学的艰辛探索过程，然后以 1000 多字的篇幅，精炼地说明了生产力和生产关系、经济基础和上层建筑、社会存在和社会意识等历史唯物主义的基本原理，揭示了人类社会发展的一般规律。历史唯物主义的提出，距今已有 170 多年，但它从未远离人们的社会生活，我们可以结合当前的社会生活来学习理解其基本原理。

其一，学习理解生产力和生产关系的理论。

生产力是人类改造物质世界的能力，是人们生产物质产品的能力，它反映了人与自然的关系。生产关系是指在物质生产过程中，形成的人们之间的社会关系，它集中体现了人们之间的物质利益关系。

生产力和生产关系是生产方式这个矛盾统一体中的对立双方，二者既对立又统一，相互依存、相互作用，有着不可分割的内在联系。一方面，生产力是矛盾的主要方面，对生产关系起着决定作用。这主要表现在，生产力的状况决定生产关系的性质，生产力的发展决定生产关系的发展和变革。另一方面，生产关系对生产力有重大的反作用，它会起着束缚或解放生产力的作用，阻碍或发展生产力的作用。当生产关系与生产力的发展要求相适合时，生产关系会有力地推动生产力的发展；反之，就会阻碍甚至破坏生产力的发展。中国共产党注重解放和发展社会生产力，通过调整生产关系激发社会生产力发展活力，让我国社会更加符合规律地向前发展，进一步丰富和发展了马克思主义关于生产力和生产关系的理论与实践。

马克思认为社会生产力发展到一定阶段，便会与原来的生产关系发生矛盾。此时，如果不调整生产关系，就有可能阻碍生产力的发展，甚至有可能引发革命。这是历史唯物主义在揭示社会历史发展变化与制度变化方面的经典论断，对于理解我国改革开放具有重要启示。

从生产力和生产关系的关系看改革开放，这是变革生产关系推动生产力发展的鲜活案例。在党的十一届三中全会上，中国共产党人确立起改革开放的基本国策，把党和国家的工作重心转移到以经济建设为中心上来,国家的局面才开始发生根本好转,实现了从生产力相对落后的状况到经济总量跃居世界第二的历史性突破,实现了人民生活从温饱不足到总体小康再到全面小康的历史性跨越,为全面建成社会主义现代化强国、实现中华民族伟大复兴的中国梦,提供了充满新的活力的体制保证和快速发展的物质条件。

其二,学习理解经济基础和上层建筑的理论。

马克思认为生产关系的总和,即一定社会历史发展阶段的生产关系中各个方面的各种要素之间的相互联系和相互作用,构成该社会的经济基础。经济基础是社会的物质关系,是全部社会关系中的第一性的、原始的、基本的关系。在一定的经济基础上,会产生与之相适应的上层建筑。而上层建筑分为两种:一种是政治上层建筑,包括政治、法律等制度和设施的总和;另一种是思想上层建筑,包括政治、法律、宗教、艺术、哲学等观点的总和。上层建筑是由经济基础派生的,是第二性的。简言之,经济基础决定上层建筑,上层建筑对经济基础具有反作用,或阻碍、或延缓、或促进经济基础的发展,二者的统一,构成一定的社会形态,如资本主义社会、社会主义社会等。

在古今中外历史上,人们经常会提出很多不同的政治主张,并习惯于把这些政治主张说成是普遍的、全人类通用的。其实,它们只不过是一些特定经济利益的表达,正如"焦大是不会爱上林妹妹的"。不同社会经济地位的人,不同立场的人,他们的观点是不会一致的,也不会存在代表一切人利益的普遍真理,这是历史唯物主义教给人们的基本前提。

当前,社会观念越是纷繁复杂,历史唯物主义的这一论点就越为重要。马克思认为一切社会观念都不是独立的、凭空产生的,其背后反映的是社会经济关系。因此,每当有人提出一些特定观念的时候,我们千万不能对其观念、意识、动机信以为真,把其当作普遍的真理;而应考察这些观点背后的经济利益,代表着什么阶层的立场。

当今社会之所以会出现各种纷繁复杂的价值观念,其背后的根源在于,改革开放以来,社会上出现了不同的阶层,形成了不同的利益群体。他们往往对自己的利益形成不同的话语表达,社会观念冲突背后所反映的正是人们经济利益的冲突。化解不同价值观念的冲突,就要积极回应不同阶层的利益诉求,真正让改革开放的成果惠及全体人民,不断增强人民群众的获得感、幸福感、安全感,这是化解观念冲突的根本解决之道。

其三,学习理解关于社会发展阶段的理论。

马克思以"经济的社会形态"为标准,对人类社会的历史发展过程进行分期,提出了原始社会、奴隶社会、封建社会、资本主义社会和共产主义社会五个阶段。马克思主义用这个社会发展阶段理论来解释人类社会发展的变化,用它来说明社会历史发展的下一个阶段。

只有学习理解和正确认识社会发展阶段理论,才能更好地判定当前的历史趋势,更好地认识自己所处的历史阶段。邓小平指出:"社会主义本身是共产主义的初级阶段,而我们中国又处在社会主义的初级阶段,就是不发达的阶段。一切都要从这个实际出发,根据这个实际来制订规划。"①正是因为,正确地认识自己所处的历史阶段,我们才提出了社会主义初级阶段的基本路线:"一个中心、两个基本点";也正是因为对社会主义初级阶段的基本国情有了一个科学认识和正确把握,我们才成功走出了一条真正属于自己的道路——中国特色社会主义道路。

必须看到,新时代我国社会主要矛盾的变化,没有改变我们对我国社会主义所处历史阶段的判断,我国仍处于并将长期处于社会主义初级阶段的基本国情没有变,我国是世界最大发展中国家的国际地位没有变。社会主义初级阶段不是一个静态、一成不变、停滞不前的阶段,而是一个阶梯式递进、不断发展进步、日益接近质的飞跃的量的积累和发展变化的过程。今天我们所处的新发展阶段,就是社会主义初级阶

① 《邓小平文选》第三卷,人民出版社1993年版,第252页。

段中的一个阶段,同时是其中经过几十年积累、站到了新的起点上的一个阶段。

其四,学习理解"两个决不会"和历史发展规律的理论。

一种旧的制度,只要其还能促进社会生产力的发展,它就不会灭亡;新的制度,在其物质存在条件还未成熟之前,它就不会出现。马克思指出:

> 无论哪一个社会形态,在它所能容纳的全部生产力发挥出来以前,是决不会灭亡的;而新的更高的生产关系,在它的物质存在条件在旧社会的胎胞里成熟以前,是决不会出现的。①

"两个决不会"的理论,对于我们正确理解和认识当前社会主义建设面临的严峻形势与挑战,以及与西方发达资本主义国家的现状具有重要意义。

必须看到,旧事物旧制度灭亡的过程是长期的、复杂的,充满艰辛的。以当代资本主义为例,第二次世界大战以来,西方主要发达国家及时调整国家政策。一方面,依靠科学技术的进步,大力解放和发展生产力;另一方面,通过一系列的社会福利措施缓和社会矛盾,资本主义实现了自我的调整与完善。正因如此,我们在短期内还看不到资本主义的灭亡。正是基于这一认识,在对外交往过程中,我国必须坚持和平发展的道路,不能强求西方国家改变其发展道路;相反,我们应该主动适应世界的经济发展规则,在和平、发展、合作、共赢的主题中实现自身的发展。

必须看到,在世界范围内,社会主义总体上还是一个新的事物,要尊重新生事物的发展规律。社会主义总体上都是在一穷二白的基础上建立起来的,当前指望社会主义全面超越资本主义是不切实际的。我

---

① 《马克思恩格斯选集》第2卷,人民出版社2012年版,第3页。

们必须尊重新事物、新制度成长和发展的过程，不能揠苗助长，急于求成。

社会主义代替资本主义是历史的必然，是社会发展的规律。这不禁让人想起毛泽东的一句名言："它是站在海岸遥望海中已经看得见桅杆尖头了的一只航船，它是立于高山之巅远看东方已见光芒四射喷薄欲出的一轮朝日，它是躁动于母腹中的快要成熟了的一个婴儿。"①

以往，我们离它如此之远；今天，我们从未离它如此之近。

三、马克思基本立场观点方法怎样坚持

对于党员干部来说，坚持马克思主义立场观点方法，是"高频词"和"熟面孔"。至于什么是马克思的基本立场观点方法、怎样坚守，哪些是非马克思主义立场观点方法甚或是陷阱、需要澄清和反对？不仅是党员干部需要解决好的问题，而且是人民群众期待了解的话题。

立场是人们观察问题、认识问题、处理问题的立足点。从根本上讲，它是由人们的经济政治社会利益和地位所决定的。坚持马克思主义立场观点方法，到底需要坚持哪些立场，往往是首选题和必答题。

马克思主义立场，与马克思的基本立场有着紧密联系。我们应当追踪马克思的成长足迹，发掘其所思所想所为，从而分析他在不同时期的基本立场，进而理解马克思主义立场。

1830—1835 年，马克思在自由主义思想活跃的特里尔中学读书。17 岁的马克思，就初步形成为绝大多数人服务的立场。在高中毕业作文《青年在选择职业时的考虑》中，他写道：

> 如果我们选择了最能为人类而工作的职业，那么，重担就不能把我们压倒，因为这是为大家作出的牺牲；那时我们所享受的就不

---

① 《毛泽东选集》第一卷，人民出版社 1991 年版，第 106 页。

是可怜的、有限的、自私的乐趣，我们的幸福将属于千百万人，我们的事业将悄然无声地存在下去，但是它会永远发挥作用，而面对我们的骨灰，高尚的人们将洒下热泪。①

1835 年 10 月到 1841 年 4 月，马克思就读波恩大学，后转至柏林大学。这一时期的马克思，在政治上是一个激进的民主主义和自由主义者，在思想上则倾向于青年黑格尔派的自我意识批判哲学。读读马克思的早期著作，不难发现其基本立场。他于 1840 年至 1841 年撰写的博士论文《德谟克里特的自然哲学和伊壁鸠鲁的自然哲学的差别》、1842 年 2 月撰写的《评普鲁士最近的书报检查令》、10 月撰写的《关于林木盗窃法的辩论》、1842 年 12 月至 1843 年 1 月撰写的《摩泽尔记者的辩护》，大都站在同情劳动人民的资产阶级民主主义、自由主义立场上，认识和看待现实世界，选择自己的政治立场。他在思想上比较强调个人自我意识自由、理性信仰自由、新闻出版言论自由，政治上同情支持广大劳动人民，反对封建主、土地所有者和官僚统治。

1843 年 3 月到 1844 年 10 月，马克思辞去《莱茵报》工作，回到书房批判黑格尔法哲学。这一时期的马克思，虽然站在工人阶级的立场上说话，但他没有与旧唯物主义、与费尔巴哈人本主义划清界限。他依然是站在资产阶级人文主义、抽象人道主义，甚至是思辨哲学的立场来为工人阶级说话的。

此时，马克思的立场是受资产阶级思想影响和束缚的自在自发的工人阶级立场，而不是自觉自为的工人阶级立场。从政治立场上说，他是介于资产阶级民主主义、自由主义、人道主义和工人阶级空想社会主义的立场之间动摇不定；从哲学思想立场上看，他采取的是超越费尔巴哈自然主义、人本主义哲学的立场，以及被马克思称之为无产阶级自发的"粗陋的共产主义"的立场。正是在这一时期，马克思写下了《克罗

----

① 《马克思恩格斯全集》第 1 卷，人民出版社 1995 年版，第 459—460 页。

茨纳赫笔记》《黑格尔法哲学批判》及其《导言》《论犹太人问题》《1844
年经济学哲学手稿》等著作。

值得关注的是,在《1844年经济学哲学手稿》中,马克思从自在自
发的工人阶级立场和费尔巴哈抽象人道主义立场出发,借助法国、英
国、德国的空想社会主义学说,批判揭露了资产阶级古典经济学的形而
上学及其内在矛盾。他从雇佣劳动和工资、资本和利润、土地所有权和
地租的关系入手,论证了资本主义的财富生产和分配,揭示了资本主义
的劳动异化与私有财产的关系。他指出共产主义是人的自由本质的复
归,是彻底的自然主义和人道主义,是对私有财产和宗教的积极扬弃。
他认为正是费尔巴哈"才开始了实证的人道主义的和自然主义的批
判",为批判英法国民经济学"打下真正的基础"。

可想而知,马克思写作《1844年经济学哲学手稿》的时候,仍然没
有与资产阶级自由主义和抽象的人道主义划清界限,没有与唯心主义
和旧唯物主义划清界限,没有真正告别一切都从人的"类存在""类本
质"出发。他依然按照从人的类本质到人的异化再到人的本质复归于
人,这一思辨唯心主义逻辑来认识人和人的社会历史过程。只要没有
与思辨唯心主义和资产阶级抽象人道主义、自由主义划清界限,马克思
就不可能真正站到自觉自为的工人阶级立场、站到科学社会主义和彻
底的唯物主义立场上来。

1844年9—11月间,马克思、恩格斯合著《神圣家族》;1845年春,
马克思写下《关于费尔巴哈的提纲》;1845—1846年,马克思、恩格斯合
著《德意志意识形态》。马克思通过对思辨唯心主义哲学立场、哲学思
维方式、哲学研究对象、哲学理论原则和哲学理论宗旨的一系列变革,
实现了人类思想史、哲学史上的一次伟大革命。他与思辨唯心主义、旧
唯物主义和资产阶级抽象人道主义彻底划清了界限,使其确立起彻底
的唯物主义哲学,也就是被人们称之为辩证唯物主义和历史唯物主义
的马克思主义哲学。正是这一时期,马克思的基本立场才真正转到自
觉自为的工人阶级革命立场,并为工人阶级从自在自发的阶级转向自

觉自为的阶级,提供了马克思主义思想武器。

非马克思主义立场,往往是"迷雾弹"或"人设陷阱",我们决不可掉以轻心、视而不见。以法兰克福学派和后现代主义思想人物为代表的西方资产阶级学者,大都对马克思1844年之前的思想比较感兴趣,尤其是对《1844年经济学哲学手稿》极为推崇,其目的"司马昭之心,路人皆知"①。他们想借此把马克思主义纳入资产阶级人道主义"现代性批判"范畴,想把马克思主义自觉自为的工人阶级立场和共产主义立场,拉回到马克思早年所持的资产阶级人道主义立场,拉回到超越唯物唯心、超越阶级、超越不同政党和派别的所谓"客观中立"立场,以此来阉割马克思主义科学革命的思想灵魂,而把科学革命的、彻底唯物主义的马克思主义称之为"传统的马克思主义",称之为"没有学术性的僵化的马克思主义"。

马克思说:"历史活动是群众的事业,随着历史活动的深入,必将是群众队伍的扩大。"②让人民获得解放是马克思毕生的追求。中国共产党始终把人民立场作为根本立场,把为人民谋幸福作为根本使命,尊重人民主体地位和首创精神,坚持发展为了人民、发展依靠人民、发展成果由人民共享。始终代表最广大人民根本利益,强调党性和人民性从来都是一致的、统一的,除了国家、民族、人民的利益,党没有任何自己特殊的利益,从来不代表任何利益集团、任何权势团体、任何特权阶层的利益。把坚持以人民为中心作为新时代坚持和发展中国特色社会主义的基本方略,强调"江山就是人民、人民就是江山,打江山、守江山,守的是人民的心",始终保持同人民群众的血肉联系,凝聚起众志成城的磅礴力量,团结带领人民共同创造历史伟业。

观点是人们对事物的看法。一台电脑缺了关键的硬件和软件就不能正常运转,假如把马克思主义比作一台电脑,缺少马克思主义观点就

①　见《三国志·魏书》裴松之注引《汉晋春秋》。
②　《马克思恩格斯全集》第2卷,人民出版社1972年版,第104页。

无法构成马克思主义完整系统的思想理论体系,也不可能得出马克思主义理论结论,进而不能发挥其指导工人阶级认识世界、改造世界的作用。

坚持马克思的基本观点,不妨从了解非马克思主义观点或错误的马克思主义观点入手。这种反其道而行之的做法,不仅可以让马克思的基本观点直观明了,而且便于我们更好地理解掌握马克思主义观点。

一种非马克思主义观点是,有些学者将实践唯物主义与辩证唯物主义割裂开来、对立起来。在马克思主义哲学研究中,有的人认为马克思坚持的是"人文主义取向",恩格斯坚持的是"科学主义取向",二者难以调和,有意或无意地将马克思和恩格斯分开。其实,早在 100 多年前,列宁就说过马克思主义哲学是一块整钢般的一体化哲学。用"一块整钢"的观点看待马克思主义哲学,是科学对待马克思主义的基本前提。马克思主义哲学对人类社会发展的指导作用,是由其性质和特点所决定的。它第一次把唯物论和辩证法、唯物主义自然观和历史观统一起来,深刻揭示了自然界、人类社会、人类思维发展的普遍规律,不仅为人类社会发展指明方向,而且成为"伟大的认识工具"。

马克思指出:"不论我的著作有什么缺点,它们却有一个长处,即它们是一个艺术的整体。"[1]恩格斯强调:"马克思的东西都是互相密切联系着的,任何东西都不能从中单独抽出来。"[2]列宁视马克思主义哲学为"完备而严密"的一个"完整的世界观"。这种对马克思主义哲学整体性的回答,充分诠释了什么是马克思主义哲学。它既是辩证唯物主义又是实践唯物主义,这两种提法只有侧重点的不同,并无本质区别。

---

① 《马克思恩格斯全集》第 31 卷,人民出版社 1972 年版,第 135 页。
② 《马克思恩格斯全集》第 38 卷,人民出版社 1972 年版,第 454 页。

布袋小知识

　　辩证唯物主义强调马克思主义哲学的辩证本性,它是唯物论与辩证法的有机统一。

　　实践唯物主义强调马克思主义哲学的实践本性,它在唯物主义的基础上坚持实践第一的观点。

　　马克思主义哲学的辩证本性与实践本性不是互相排斥的,而是密切联系、根本一致的。

　　在马克思主义哲学看来,认识与实践相辅相成、有机统一,二者均通过对事物矛盾辩证运动规律的把握而不断深化。如果说唯物辩证法是马克思主义哲学认识和解释世界的基本方法,那么它也是改变世界的实践活动的基本方法。马克思主义哲学的基本价值取向不仅在于认识和解释世界,更体现在通过实践活动改变世界。正如马克思所指出的,哲学家们只是用不同的方式解释世界,而问题在于改变世界。因此,实践唯物主义与辩证唯物主义是内在一致、有机统一的。

　　另一种非马克思主义观点是,有些学者或别有用心的人,打着丰富和发展马克思主义的旗号,把唯物史观和剩余价值学说,作为否定的重点目标。

　　在唯物史观方面,有的人把唯物史观曲解为机械的历史决定论或单线直线历史发展观,消解与否定唯物史观基本理论观点。他们说彻底的自然主义就是彻底的人道主义,而彻底的人道主义也就是历史唯物主义和共产主义。他们爱在历史唯物主义之前加上"交往实践""地理""空间"等词汇,好像这样就是"发展"历史唯物主义。

　　唯物史观是科学现实的、彻底的唯物主义历史观。不仅讲了社会历史中位居基础地位起决定作用的因素,讲了其他各种因素及各种历史因素的交互作用;而且讲了具体历史过程是历史各种构成因素交互作用的结果,讲了多重历史主客体在具体历史实践和历史事件中的相互作用关系及其相互交融,包括不同历史主体甚至不同个人的历史地位和作用;还讲了各种社会矛盾、社会历史规律和历史的根本动力、直接动力、基本力量及各种历史合力的作用,讲了历史本质与历史现象、社会存在和社会意识的相互关系,是客观反映与揭示社会历史真实面貌的历史科学,绝不是什么简单机械的历史决定论,或几种社会形态由低级到高级直线发展论所能概括说明的。

那些反对历史唯物主义的人,其实是在不读原著的情况下,对历史唯物主义做简单机械的教科书式理解,按照西方资产阶级及其庸俗理解来攻击和反对历史唯物主义,任意歪曲和否定历史唯物主义基本理论。

在剩余价值学说方面,他们说劳动价值论是马克思一种理论抽象,而抽象的价值很难衡量与度量,实际上是包括"死劳动"即物化劳动和活劳动在内的各种"劳动",都参与了商品生产和价值创造,而且是商品交换推动财富和价值的创造与实现,剩余价值或利润是企业家投入的"死劳动"和企业管理而获得的劳动收入和报酬。按照这种理论,资本家剥削工人的现象就被他们完全否定。

还有一种非马克思主义观点是,国内有些学者喜欢亦步亦趋、人云亦云,西方搞什么、跟着搞什么,西方怎么说、跟着怎么说。这种所谓的"创新",实质上是跳进西方布设的理论陷阱、陷入误区。

有的学者喜欢在马克思主义之前加上什么生态、有机、宗教、后现代、伦理、人道等,好像这样就是创新发展马克思主义。生态马克思主义、有机马克思主义、宗教马克思主义、后现代马克思主义、诠释学马克思主义,甚至绿色马克思主义,真是层出不穷、五花八门、无奇不有,好像资产阶级不管有什么哲学均可与马克思主义结合,用以来嫁接与改造马克思主义;好像不管是干什么,只要打着马克思主义招牌就可以说自己是马克思主义。这简直是把马克思主义变成了千变万化的万花筒,任人打扮的"小姑娘"。

对于马克思的社会主义观，也有各种各样的说法。有人认为民主社会主义才是马克思主义的正统，提出只有民主社会主义才能救中国；也有人提出社会主义是普遍幸福主义，是人民社会主义；还有人认定充分的社会保障就是社会主义，提出价值社会主义、功能社会主义等。显然，这些观点具有片面性、局限性，都是错误的马克思主义观点。

中国共产党不断深化对马克思社会主义观的认识，大力推进社会主义社会建设。新中国成立后特别是改革开放以来，我们党建立和发展基层群众自治制度，有力保障居民群众对城乡社区公共事务以及公益事业直接行使民主权利，推动基层治理和谐有序、充满活力；提出社会和谐是中国特色社会主义的本质属性，强调按照民主法治、公平正义、诚信友爱、充满活力、安定有序、人与自然和谐相处的总要求，构建社会主义和谐社会，推动社会建设与经济建设、政治建设、文化建设、生态文明建设协调发展。加强和创新社会治理，打造共建共治共享的社会治理格局，确保社会既充满生机活力又保持安定有序。坚持以人民为中心的发展思想，将人民对美好生活的向往作为奋斗目标，把增进民生福祉作为发展的根本目的，抓住人民最关心最直接最现实的利益问题，在发展中不断保障和改善民生，促进社会公平正义，让发展成果更多更公平惠及全体人民，不断促进人的全面发展、社会全面进步。

马克思主义是立足人民群众社会实践来认识世界和观察世界的，形成了一系列来源于人民群众实践又高于人民群众实践，即能够指导实践的哲学世界观理论观点；形成了认识与反思、批判现实生活世界的一系列唯物辩证法、历史辩证法、实践和认识的辩证法思想，并由此构建起马克思主义的辩证唯物主义、历史唯物主义学说，马克思主义政治经济学批判学说和科学社会主义学说。在这里面，包含着马克思主义的现实生活世界哲学观，彻底的唯物主义世界观、知识观、真理观，人民群众的实践观、历史观和价值观；人的社会存在决定人的社会意识和观念，人的意识形态观念取决于人的物质生活条件和社会存在，而社会意识和意识形态观念,反过来对人的物质生活条件和社会存在具有巨大反作用;生产力是社会发展的根本性推动力量,劳动者是最根本的生产力,阶级斗争及人的关系变革、观念变革是社会发展的直接动力;科学技术革命和生产方式变革是一切社会变革的基础,社会能否发生革命性的变革,不仅取决于其客观历史条件的成熟,而且取决于有没有革命的阶级、革命的力量和科学革命的理论武装及革命队伍的组织程度;共产党就是用马克思主义思想武装起来的革命先锋队组织,消灭私有制,消灭一切阶级差别,实现人类彻底解放,是共产党和工人阶级的历史使命等。

方法是指与马克思主义世界观相统一的方法论,是指导人们正确认识世界、改造世界的根本思想方法和工作方法。恩格斯指出:"马克思的整个世界观不是教义,而是方法。它提供的不是现成的教条,而是进一步研究的出发点和供这种研究使用的方法。"①这表明,我们应当从马克思的基本立场和基本观念中,去了解掌握其认识世界、改造世界的基本方法。

马克思最为根本的哲学方法,就是一切从人民群众的实际出发,实现理论与实践相统一。要在反复实践、反复认识中,把握人类实践关系的本质,把握人与现实生活世界关系的本质,科学揭示其中的矛盾,揭示人类历史发展的动力源泉、历史本质规律性联系和历史发展趋势,为人类解放指明历史条件、路径、方式方法和手段。马克思创造的唯物辩证法理论、历史辩证法理论,以及实践和认识的辩证法理论,是对黑格尔唯心辩证法的扬弃,是马克思哲学方法论的基本内容。它们既体现马克思根本的哲学方法要求,又体现马克思主义理论本质特征的最为根本的方法。

马克思历史条件和历史过程的发生学分析、矛盾分析、质量关系分析、因果联系分析、现象与本质关系分析、必然性与偶然性关系分析等,

---

① 《马克思恩格斯全集》第39卷,人民出版社1972年版,第406页。

也是构建马克思主义哲学所不可缺少的基本方法。这其中历史分析方法尤其重要,它包括运用各种关系分析方法,来分析历史条件、历史过程、历史路径、历史因果联系、历史的本质规律和历史发展趋势。不仅要运用透过历史现象把握其中历史本质的方法、历史的回溯分析方法、历史的批判性解构和批判性建构的分析方法等,而且要与逻辑的方法相结合。只有这样,才能为创建历史唯物主义的理论大厦服务。归纳、演绎、分析、综合的逻辑方法,是与历史的方法相结合使用的,但这种逻辑方法与马克思理论叙述的逻辑方法是有区别的。

毛泽东指出:"我们的眼力不够,应该借助于望远镜和显微镜。马克思主义的方法就是政治上军事上的望远镜和显微镜。"①中国共产党始终坚持运用马克思主义的望远镜和显微镜,观察中国革命、建设、改革的具体实际,正确认识和把握不同历史阶段的社会主要矛盾,部署开展党的各项工作。党的群众路线的认识方法和工作方法,是马克思的科学辩证法理论。结合中国革命、建设和改革事业的实践,而产生的马克思主义哲学方法是应用典范。当然,马克思的哲学方法在马克思那里,有时是系统地交织在一起,按照科学的组合原则综合加以运用的,有时是根据各种方法的适用对象分门别类地形成不同的方法,系列应用于他的理论研究及其理论阐发。这就需要我们辨析并排除后人对其一些误解,结合马克思的思想实际而进行分析研究。只有这样,才能真正揭示马克思主义哲学思维方式和哲学方法论的思想内涵、逻辑构架和方法论意义。

习近平新时代中国特色社会主义思想,是坚持和运用辩证唯物主义和历史唯物主义的光辉典范,蕴含着丰富的马克思主义思想方法和工作方法。这主要体现为"八个坚持"的思想方法和工作方法,即坚持实事求是、坚持战略定力、坚持问题导向、坚持全面协调、坚持底线思维、坚持调查研究、坚持抓铁有痕、坚持历史担当。我们既要了解"八

---

① 《毛泽东选集》第一卷,人民出版社 1991 年版,第 212 页。

个坚持"讲了什么,怎么看、怎么办、怎么干;也要理解贯穿其中的世界观、历史观,掌握其认识论、方法论;还要学会其既部署"过河"任务,又指导解决"桥或船"问题的思想方法和工作方法,自觉培养马克思主义的辩证思维和科学方法。

第四章　如何占据真理和道义两个制高点

　　无论时代如何变迁、科学如何进步，马克思主义依然显示出科学思想的伟力，依然占据着真理和道义的制高点。这"两个制高点"既是对马克思伟大光辉一生和伟大人格的精炼概括，也是对"中国共产党为什么能，中国特色社会主义为什么好，归根到底是因为马克思主义行"的有力诠释。占据真理和道义制高点，可从领悟《共产党宣言》真理力量、揭秘《资本论》前世与今生、永葆马克思主义经典之树常青中感悟"真经"魅力，根治老想着去"西天取经"的心魔。

一、重温《共产党宣言》真理力量

作为深刻改变了人类社会政治力量对比与政治格局的著作之一,《共产党宣言》自 1848 年发表以来就格外引人注目,至今已被翻译成 200 多种文字,出版 300 多种版本,出版次数更是多达 1000 次以上,影响了整个世界的无产阶级和社会主义者。在纪念《共产党宣言》发表 150 周年时,法国《人道报》指出,从纽约到东京,从圣彼得堡到耶路撒冷,从新德里到伦敦,到处都奏响了《共产党宣言》的乐章。继续推进马克思主义,就要重温《共产党宣言》的真理力量,从源头上领悟"中国共产党为什么能,中国特色社会主义为什么好,归根到底是因为马克思主义行"[①]。

《共产党宣言》问世,标志着马克思主义作为科学的理论正式诞生,具有划时代的意义。作为国际共产主义运动的第一个纲领性文献,《共产党宣言》对于世界范围内的社会主义革命起到积极的指导作用,可谓无产阶级革命的"圣经"。可让人震惊和难以置信的是,这么伟大的著作,居然出自平均年龄不到 30 岁的两位青年之手。

30 岁的马克思和 28 岁的恩格斯,凭啥写出如此传奇传神传世之作,其写作缘由是什么、写作过程如何? 揭开这些谜底,对于人们理解把握《共产党宣言》,意义重大而深远。

19 世纪上半叶此起彼伏的工人革命,是撰写《共产党宣言》时间上的前奏。马克思流亡布鲁塞尔期间正值工业革命之后,欧洲农村的小农经济被彻底摧毁,大量失地农民涌入城市。在豪华购物中心——圣于贝尔皇家长廊百米开外的地方,大量穷人因饥荒而饿死,这引起马克思、恩格斯的极大愤慨和深刻反思。欧洲三大工人革命的失败,1847

---

① 习近平:《在庆祝中国共产党成立 100 周年大会上的讲话》,人民出版社 2021 年版,第 13 页。

年资本主义经济危机,贫富差距分化,社会矛盾冲突加剧,更是让马克思、恩格斯思考起工人运动的出路与未来。正是在这样的时代背景下,《共产党宣言》的写作和出版才有了可能。

辗转普鲁士、巴黎和布鲁塞尔,是写作《共产党宣言》空间上的前奏。尽管《共产党宣言》是在布鲁塞尔完成的,但马克思到比利时之前的一系列坎坷遭遇,为他和恩格斯的奋笔疾书奠定了空间基础。1843年10月,为躲避普鲁士政府的迫害,马克思从科隆移居到巴黎,除了编辑《德法年鉴》和研究政治经济学、法国大革命史以外,他还时常利用机会抨击普鲁士政府。1844年底,在普鲁士政府的唆使下,法国内阁将马克思和革命民主派报纸——《前进报》的许多撰稿人驱逐出境。马克思以政治难民的身份流亡比利时,而当时比利时生活着数量较为庞大的普鲁士移民,其中有许多人受乌托邦思想的影响,希望实现全世界的大团结。或许,这正是马克思选择布鲁塞尔的一个重要因素。

 木屋小故事

　　1845年2月7日,马克思抵达布鲁塞尔一周后,他向比利时国王列奥波特一世写了一封信:兹有卡尔·马克思,系哲学博士,现年26岁,原籍普鲁士王国特里尔,愿偕其妻及一个孩子移居于陛下的领土,恳请陛下准予在比利时居住。

　　然而,比利时政府并未立即批准这一避难申请。直至3月22日,在马克思签署"不在比利时发表任何评论时事政治的文章"承诺书后,当局才给他颁发了居留证。但布鲁塞尔市政府和警察,仍在暗中密切关注这位与比利时自由派交往频繁的"危险记者"。

马克思在布鲁塞尔期间,一家人的住所更换了八九处,居住时间较长的有两处。一处是同盟大街5号,另一处是纳缪尔郊区奥尔良路42号,就是今天的伊克赛尔区的让·达登街50号。现在是一座五层居民楼,外墙上的一块小牌写着:1846—1848 马克思在这里居住。从时间上看,这里正是《共产党宣言》构思和创作完成的地方。《共产党宣言》第一次对无产阶级的思想体系作出系统的表述,标志着马克思主义的诞生。

加入正义者同盟并改组,是《共产党宣言》写作的前奏。到布鲁塞尔不久,马克思与侨居比利时的德意志工人打成一片。1847 年 1 月的一天,一位头戴鸭舌帽、身穿工人装的中年男子敲开了马克思的寓所门,他是正义者同盟的领导人之一:约瑟夫·莫尔。莫尔特地前来邀请马克思加入正义者同盟,期待马克思、恩格斯用共产主义科学见解统一正义者同盟的思想。这年 6 月,正义者同盟大会在伦敦召开,决定把同盟的名称改为共产主义者同盟。此后,马克思常与工人们见面,商讨工人运动的策略和前途。8 月,马克思、恩格斯在布鲁塞尔建立德意志工人协会,目的是对侨居比利时的普鲁士工人进行政治教育,并向他们宣传科学共产主义思想。从此,位于布鲁塞尔大广场市政厅一侧的四层镀金小楼——"白天鹅之家"餐厅,成了德意志工人协会的主要活动场所。如今这一饭店外墙悬挂的铭牌上,用法文和弗拉芒文写道:马克思自 1845 年 2 月至 1848 年 3 月住在布鲁塞尔。马克思、恩格斯定期去那里发表演讲,为吸引听众的注意力,他们甚至用组织游戏等方式,使革命宣传活动变得丰富活泼。

1847 年 11 月,共产主义者同盟第二次会议在伦敦召开。大会结束后,马克思、恩格斯接受了一项重要任务:为共产主义者同盟起草一个正式纲领,以宣言的形式公开阐述共产主义原理。他们很快达成共识:要用热情的文句广泛地阐述自己的学说。1848 年 2 月,用德文写成的《共产党宣言》在伦敦一家印刷所出版。

《共产党宣言》第一次全面系统地阐述了科学社会主义理论,分析了阶级斗争在社会历史发展中的作用,揭示了资本主义必然被社会主义代替的客观规律,指出共产主义运动已成为不可抗拒的历史潮流,号召全世界无产者联合起来,为获得解放而斗争。1848 年 2 月 22 日,法国二月革命爆发,并在 3 天后成功建立起法兰西第二共和国。在这一消息的鼓舞下,马克思、恩格斯积极参加比利时的革命运动。刚刚收到父亲遗产的马克思,还拿出一部分遗产用来武装布鲁塞尔工人。然而,天有不测风云,有人将这件事向比利时司法部作了报告。3 月 3 日,比利时国王给马克思下达了 24 小时离境的敕令。

一个幽灵,共产主义的幽灵,在欧洲游荡……《共产党宣言》的问世,犹如在无穷黑暗中骤然迸发出一道光芒,照亮了人类的历史,也映红了中国大地。

当时的中国,孙中山、梁启超、李大钊等人都研究过《共产党宣言》,但一直缺乏全文翻译,这成为很多先进知识分子急盼解决之事。最终,翻译的重任落在 29 岁的陈望道肩上。

1919 年底,带着戴季陶提供的一本日文版的《共产党宣言》,陈望道回到家乡浙江义乌分水塘村。这是一个贫穷落后的小山村,他只能住到一间柴屋里,条件非常艰苦。在翻译《共产党宣言》的过程中,陈望道遇到的不单是生活条件的艰苦,还有参考资料的匮乏。当时,在大城市也难以找到一些马克思主义著作,更别说在一个小山村。为翻译出高质量的《共产党宣言》,他托陈独秀通过李大钊从北京大学图书馆借来一本英文版的《共产党宣言》作参考。《共产党宣言》全篇译文虽不足两万字,可陈望道花费了平时译书的五倍功夫。1920 年 4 月底,陈望道将译稿带到上海,交由陈独秀等人校对,8 月,第一版《共产党宣言》在上海正式公开出版。初版时印了 1000 本,很快销售一空;到1926 年 5 月,《共产党宣言》重印多达 17 次。

翻译《共产党宣言》虽然艰辛,但至今仍流传着一个非常有趣的故事。一天,陈望道在家里奋笔疾书,他的母亲在外面喊着:你吃粽子要加红糖水,吃了吗? 陈望道说:吃了吃了,甜极了。母亲进门一看,陈望道正在埋头写书,嘴上全是黑墨水。真理的味道,真是非常甜!

中国共产党的历代领导人都重视学习和研究《共产党宣言》,不仅树立起马克思主义信仰,建立起马克思主义世界观,而且成功运用马克思主义解决了革命、建设、改革中的问题与挑战。

毛泽东接触的第一本马克思主义经典著作，就是《共产党宣言》。自1920年起，他一直把《共产党宣言》作为学习马克思主义经典著作首要的必读书目之一，不仅自己喜欢读、用心读、反复读、重点读，而且反复提醒领导干部和全党注重学习这部经典著作，其主要目的是以此指导中国革命、建设的实践，并加以理论创新。他曾说道："《共产党宣言》，我看了不下一百遍，遇到问题，我就翻阅马克思的《共产党宣言》，有时只阅读一两段，有时全篇都读，每阅读一次，我都有新的启发。我写《新民主主义论》时，《共产党宣言》就翻阅过多次。读马克思主义理论在于应用，要应用就要经常读，重点读。"①

1941年9月，毛泽东对妇女生活调查团的讲话中谈到了三本书，其中就有《共产党宣言》。他说："记得我在一九二〇年，第一次看了考茨基的《阶级斗争》，陈望道翻译的《共产党宣言》，和一个英国人作的《社会主义史》，我才知道人类自有史以来就有阶级斗争，阶级斗争是社会发展的原动力，初步地得到认识问题的方法论。"②

作为马克思主义纲领性的经典文献，我们对《共产党宣言》知多少，其重大价值和深远意义今何在？

《共产党宣言》分正文和序言两个部分，正文共分四章。第一章主要阐述阶级斗争理论和无产阶级的历史地位，深刻阐明了阶级社会中阶级斗争的一般原理和无产阶级的伟大历史使命，科学证明了资产阶级的灭亡和无产阶级的胜利是同样不可避免的客观规律。第二章主要阐述无产阶级政党的纲领，阐明了无产阶级政党建立的必要性，指明了共产党的性质、特点和基本纲领，驳斥了资产阶级攻击共产党人的种种责难，论述了无产阶级革命和无产阶级专政的基本思想。第三章主要批判当时流行的各种社会主义，包括封建的社会主义、小资产阶级的社

①　高放:《〈共产党宣言〉传遍世界的福音》，《人民日报》1998年4月4日第5版。
②　《毛泽东文集》第二卷，人民出版社1993年版，第378—379页。

会主义、普鲁士"真正的社会主义"、资产阶级改良主义的社会主义等。第四章主要阐述共产党对其他党派的策略,阐明了共产党人要立足于现实,积极参加和支持当时的革命斗争,包括反对封建专制的民主革命,但不能忘记无产阶级的革命原则和最终目标。

恩格斯在 1883 年德文版序言中,更是精辟概括了贯穿《共产党宣言》的基本思想:

> 每一历史时代的经济生产以及必然由此产生的社会结构,是该时代政治的和智慧的历史的基础;因此(从原始土地公有制解体以来)全部历史都是阶级斗争的历史,即社会发展各个阶段上被剥削阶级和剥削阶级之间、被统治阶级和统治阶级之间斗争的历史;而这个斗争现在已经达到这样一个阶段,即被剥削被压迫的阶级(无产阶级),如果不同时使整个社会永远摆脱剥削、压迫和阶级斗争,就不再能使自己从剥削它压迫它的那个阶级(资产阶级)下解放出来。[①]

关于"这个思想",恩格斯认为不仅"完全是属于马克思一个人的",而且是不朽的。

---

① 《马克思恩格斯全集》第21卷,人民出版社1972年版,第3页。

《共产党宣言》科学论证了资本主义的历史命运和共产主义的必然未来，充分阐明了"绝大多数人的、为绝大多数人谋利益的独立的运动"的历史必然性和价值合理性，把科学性和价值性、合规律性与合目的性、认识世界和改造世界有机统一，彰显了马克思主义"造福人民，为绝大多数人谋福利"的基本价值追求的历史和逻辑的统一。

古人云：得其法者事半功倍，不得其法者事倍功半。阅读《共产党宣言》，我们要着重理解掌握其中蕴含的核心观点，并在领悟其要义上下工夫、见实效。

共产党人的崇高信仰：造福人民，为绝大多数人谋福利。共产党是如何产生的、宗旨是什么？这是《共产党宣言》的首要问题。共产党是无产阶级在反抗资产阶级的斗争中逐步形成的先进政党，始终代表整个无产阶级的利益，代表绝大多数人民群众的利益，没有自己特殊的利益。《共产党宣言》提出："至今发生过的一切运动都是少数人的运动，或者都是为少数人谋利益的运动。无产阶级的运动是绝大多数人为绝大多数人谋利益的独立自主的运动。"①

人类社会发展的基本规律：生产力决定生产关系，经济基础决定上层建筑。《共产党宣言》通篇贯彻着唯物史观的基本原理，"每一历史时代的经济生产以及必然由此产生的社会结构，是该时代政治的和精神的历史的基础"。也就是说，生产力决定生产关系，经济基础决定政治、精神等上层建筑，这是人类社会运动演变的基本规律。《共产党宣言》告诉人们，人类社会的历史是由低级到高级发展的，在一定条件下，低一级的社会形态必然转变为高一级的社会形态，这是由生产力和生产关系这一社会基本矛盾运动所决定的。人民群众是生产力的创造者，是推动历史前进的根本动力。马克思、恩格斯深刻阐明的唯物史观基本原理，为无产阶级观察社会历史发

---

① 《马克思恩格斯全集》第4卷，人民出版社1972年版，第477页。

展提供了科学的世界观和方法论,也为中国特色社会主义建设提供了基本遵循。正因如此,改革开放以来,中国共产党人在领导人民进行社会主义现代化建设中,始终牢牢把握以经济建设为中心的基本逻辑。

"两个必然"的基本判断:资产阶级的灭亡和无产阶级的胜利是同样不可避免的。在《共产党宣言》中,马克思对资本主义进行客观公正的评价,认为资本主义曾经在人类历史上发挥过重大积极作用,推动人类社会发展,但由于其自身难以克服的矛盾,使得它的灭亡成为必然。资本主义的内在矛盾,是生产的社会化与生产资料的私人占有之间的矛盾。由于这一矛盾的存在,这个曾经仿佛用法术创造了如此庞大的生产资料和交换手段的现代资产阶级社会,现在像一个魔法师一样不能再支配自己用法术呼唤出来的魔鬼了。几十年来的工业和商业的历史,只不过是现代生产力反抗现代生产关系、反抗作为资产阶级及其统治的存在条件的所有制关系的历史。这种矛盾的突出表现,就是周期性经济危机的出现。在危机期间,一边是生产过剩的瘟疫蔓延,一边则是工人阶级贫困人口的迅速增长。这表明,社会所拥有的生产力不能再促进资产阶级文明和资产阶级所有制关系的发展;相反,生产力强大到这种关系所不能适应的地步,它受到这种关系的阻碍,资产阶级再不能做社会的统治阶级了。资产阶级不仅挖掉了自己赖以生产和占有产品的社会基础,而且造就了它自身的"掘墓人"——无产阶级。所以,资产阶级的灭亡和无产阶级的胜利是同样不可避免的。

未来社会的基本模型:自由人联合体。人类社会的理想——共产主义社会是最终的落脚点。《共产党宣言》把这一崇高理想正式表达为:"代替那存在着阶级和阶级对立的资产阶级旧社会的,将是这样一个联合体,在那里,每个人的自由发展是一切人的自由发展的条件。"[①]

---

① 《马克思恩格斯全集》第39卷,人民出版社1972年版,第189页。

当时的社会现实恰恰是资本主义人的不自由、不平等，人与人之间剥削与被剥削的关系。马克思、恩格斯指出，无产阶级必须拿起革命的武器，打破一个旧世界，建立一个新世界，在那里面没有剥削、没有压迫，是一个自由人的联合体。

在《共产党宣言》不断再版的过程中，马克思、恩格斯于1872年至1893年间，为不同的版本写下7篇序言，前两篇序言由他们合写，从第3篇序言开始，由于马克思"已经长眠于海格特公墓，他的墓上已经初长出了青草"，只能由恩格斯一人撰写。值得高度警惕的是，有些人不时以《共产党宣言》的7篇序言来高谈马克思主义"过时了"。

这些人自认为"真理"在手，总爱拿1872年德文版序言"说事"。《共产党宣言》第2章的结尾处，提出过共产主义革命必须采取的10条措施，马克思、恩格斯在1872年德文版序言中指出那些革命措施"根本没有特别的意义"。《共产党宣言》的第4章，论述过共产党人对待各种反对派的态度，在这一序言中，马克思、恩格斯指出，这一论述"虽然在原则上今天还是正确的，但是就其实际运用来说今天毕竟已经过时"[1]。这些人之所以阔论马克思主义"过时了"，是因为他们的眼睛高度"近视"，看不见"在原则上今天还是正确的"，鼻子倒异常"灵敏"，嗅到了"已经过时"。这是典型的断章取义，猪八戒抡家伙——倒打一耙。

我们不妨按照7篇序言的时间顺序，来看一看马克思、恩格斯对《共产党宣言》作出的修改、说明和补充，让清者自清、浊者自浊。

在1872年德文序言中，马克思、恩格斯在指出《共产党宣言》的有些内容已过时需要修正的同时，特意强调不管最近25年来的情况发生了多大的变化，这个《宣言》中所阐述的一般原理整个说来直到现在还

---

① 陈学明、黄力之、吴新文：《中国为什么还需要马克思主义——答关于马克思主义的十大疑问》，天津人民出版社2013年版，第55页。

是完全正确的。

在 1882 年俄文序言中，马克思、恩格斯说，当《共产党宣言》在 19 世纪 60 年代初俄文第一版问世时，西方认为这件事"不过是著作界的一件奇闻"，而"这种看法今天是不可能有了"。

在 1883 年德文版序言中，恩格斯说"本版序言不幸只能由我一个人署名了"，认为"谈不上对《宣言》作什么修改或补序了"，但有必要再次明确《共产党宣言》的基本思想，并作出了精辟概括。

在 1888 年英文版序言中，恩格斯说明了为什么把这一《宣言》称为《共产党宣言》，而不叫《社会主义宣言》的缘由。他认为主要原因在于，当时"社会主义是资产阶级的运动，而共产主义运动则是工人阶级的运动"，并特意补充说"后来我们也从来没有想到要把这个名称抛弃"。

在 1890 年德文版序言中，恩格斯转述了与马克思最后共同署名的 1882 年俄文版序言的全部内容。他之所以这样做，是要再次肯定"宣告现代资产阶级所有制必然灭亡"这一俄文版序言中，强调过的《共产主义宣言》的基本原理。

在 1892 年波兰文版序言中，恩格斯说"根据《宣言》用某国文字发行的份数，不仅可以相当准确地判断该国工人运动的状况，而且可以相当准确地判断该国大工业发展的程度"。他讲清楚了《共产党宣言》的功能在于能满足无产阶级了解自己的真实处境和历史使命的欲望，工业越是发展，无产阶级的这种愿望就越是强烈，从而对《共产党宣言》的需求也就越大。

在 1893 年意大利文版序言中，恩格斯肯定了《共产党宣言》中所作出的无产阶级是资本主义社会的"掘墓人"的判断。他还预言，这一版序言的出版能成为"良好的预兆"，意大利因此"会给我们一个新的但丁来宣告这个无产阶级新纪元的诞生"。没有对《共产党宣言》所提出的基本原理的坚定信念，就不可能如此乐观地展望意大利，乃至整个欧洲和整个世界无产阶级革命斗争的前景！

回顾和梳理7个序言的主要内容，我们看不到马克思、恩格斯有放弃《共产党宣言》基本原理的蛛丝马迹，高谈阔论马克思主义"过时了"，纯属无稽之谈。在每一篇序言中，马克思、恩格斯都结合当时社会经济、革命斗争形势和政治状况等方面的新变化，对原来的思想作出新的补充和新的说明。马克思、恩格斯实质上是通过撰写序言的形式，来坚持和发展《共产党宣言》的思想。

二、揭秘《资本论》前世与今生

155年前的1867年，《资本论》第一卷一经问世，便成为"工人阶级的圣经"；141年后，2008年国际金融危机让《资本论》成为畅销书，联合国教科文组织更是将《资本论》第一卷列入《世界记忆名录》。可是，在社会主义与资本主义冲突的激流中，从来不乏对《资本论》的各种批判，甚至不时出现《资本论》过时的论调。面对种种质疑与批判，《资本论》以真理的魅力和科学的力量，彰显了马克思主义的科学性和价值性。习近平总书记2016年在哲学社会科学工作座谈会上指出："有人说，马克思主义政治经济学过时了，《资本论》过时了。这个说法是武断的。"[①]这不禁让人们思考起这部鸿篇巨制的创作过程是怎么样的、它的核心观点是什么、如何看待其当代价值等问题，我们不妨来揭秘《资本论》前世与今生。

作为政治经济学研究的经典成果，《资本论》的播种、施肥、开花、结果，并非一日之功，而是马克思呕心沥血40年的结晶。《资本论》的写作过程历时之长、耗费精力之深、涉外部环境之恶劣，都是常人难以想象的，更是无法坚持的，但马克思以超常的毅力和理论的勇气，完成了这部旷世巨作。

---

① 习近平《论党的宣传思想工作》，中央文献出版社2020年版，第225页。

木屋小故事

　　1867 年 4 月的一天，伦敦通往汉堡的航线上，狂风卷起汹涌的海浪拍击着轮船，桌椅发出噔噔的声响。紧紧靠着船舷上栏杆站着的马克思，虽晕船但他仍和几个旅客聚在一起饮酒、相谈甚欢。

　　马克思感到轮船上的生活非常有趣，是相当愉悦的。这也难怪，毕竟在伦敦"离群独居"、闭关写作《资本论》第一卷接近 20 年后，他终于可以满意地将它交付出版。这一刻，正如马克思自己形容的那样，"痛快得无以复加"。

　　《资本论》共有四卷，人们常见的一、二、三卷共约 230 万字。人们或许难以意识其分量之重，这大约相当于一个人完成了 20 本当今中国的哲学社会科学类博士学位论文。马克思生前出版了《资本论》第一卷，之后完成了第二、三卷的手稿。《资本论》第二、三卷，由恩格斯分别于 1885 年和 1894 年编辑完成；《资本论》第四卷即《剩余价值理论》，则由考茨基整理并于 1905 年至 1910 年出版。这其间，历经了极为艰辛、复杂、科学的创作过程。

　　这部鸿篇巨制名曰《资本论》，但马克思是在极度贫困的生活状态中完成写作的，所以人们常说一个没有"资本"的人写了《资本论》。关于这一说法，我们还能从马克思母亲罕莉娅·普勒斯堡的晚年言语中得到印证：如果马克思能够给自己弄到一大笔资本，而不是写出一大部论资本的书，那该有多好啊！

　　在撰写《资本论》的日子里，马克思的贫困状况日甚一日。从 1850 年开始，他就处在贫病交加的煎熬中，一直与面包房、店主、牛奶铺、菜铺、煤铺、疾病等"敌对的力量"作斗争。有一段时间，他甚至想丢下工作去欧洲大陆想办法借点钱。

　　在毫无出路的情况下，马克思的家庭也出现新的危险：妻子燕妮支

持不住病倒了,她曾不止一次地祈求死亡早点降临到自己和孩子们的身上。孩子们因没有鞋子和衣服穿,而不得不待在家里,当她们的伙伴为世界博览会举办而高兴时,她们却担心有人到家里来作客会出洋相。在那段艰难的日子里,马克思的一个儿子和一个女儿先后夭折。

饥饿贫困和家务琐事困扰着马克思,使他的心情愤怒烦躁,无法集中精力和智慧进行理论创作。1865年7月,他给恩格斯的信中这样描述写作《资本论》时的生活与心情:我已经有两个月完全靠典当维持生活,愈来愈多的而且一天比一天更难受的要求纠缠着我……半辈子依靠别人,一想起这一点,简直使人感到绝望。这时唯一使我挺起身来的,就是我意识到我们两人从事着一个合伙的事业,而我则把自己的时间用于这个事业的理论方面和党的方面……

即便如此,马克思依然以敬畏和严谨的态度对待理论创作。他常常早上9点到晚上7点待在大英博物馆里,而对于《资本论》的修改,更是写了改、改了写,仅第二卷第一部分的原稿就保留了八份。幸运的是,好友威廉·沃尔弗在经济上支援马克思。在去世前,沃尔弗还以遗嘱的方式把其继承父亲的八九百英镑赠予马克思,从而为《资本论》的完成奠定些许物质保障,让马克思得以全身投入《资本论》的写作、修订和出版。《资本论》第一卷出版时,马克思在扉页上题词:献给我的不能忘记的朋友,无产阶级勇敢的忠实的高尚的先锋战士威廉·沃尔弗。

如果说物质上的贫乏只是外在的困难,那么《资本论》写作中涉及的思想创造、理论研究,则是更为艰苦,也更为折磨马克思的。其中,值得关注的是《资本论》第一卷出版后的修订工作。马克思并不认为《资本论》的结论是永恒的真理,而应该是实践的理论,伴随着资本主义的发展而不断完善和丰富,这也是《资本论》的生命力所在。正因如此,我们不难理解为什么《资本论》第一卷出版后,马克思对其德文版进行了多次修订。这种修订,绝不仅仅是内容和文字上的修修补补,而是涉及框架和结构的调整。

写作《资本论》,马克思先后查阅、研究了1500多本书、作了100多本笔记。面对经济和研究上的种种难题,马克思常常感慨生活的不幸,但这并没有影响其对真理的追求,他经常通过做数学题、刷微积分的方式来放松自己。正是由于马克思、恩格斯高度的理论素养和实践品格,才让《资本论》呈现在读者面前;正是在这种思想的历练中,《资本论》才展现特有的科学性和与时俱进的理论品质。

马克思曾预言,这部著作甚至不会给他带来写作时所吸香烟的钱。如果他能穿越到2008年10月17日法兰克福的一家书店——卡尔·马克思书店,他不得不承认被自己的这个预言打脸。因为就在这一天,《资本论》第一卷在这家书店宣告暂时脱销。人们不禁要问,这部著作的魅力何在? 它究竟提供了什么样的理论和论断,使之穿越一个多世纪依然历久弥新,有如陈年老窖越品越香?

我们先从“经济逻辑的疯狂”一词,来了解《资本论》的内涵。“经济逻辑的疯狂”是哲学家雅克·德里达,在对马塞尔·莫斯关于加拿大不列颠哥伦比亚省原住民社区的“共享宴”描述的评论中首次用到的。在“共享宴”的仪式上,部落的各个家庭会争相把自己家的东西送给别人或主动摧毁自家财物,由此来获得声望、荣誉和地位。莫斯认为这完全不是送礼或回礼的问题,而是破坏,完全看不到任何将来要用的样子,是彻头彻尾的发疯。德里达却说:这一疯狂举动其实是烧掉了礼物本身以及礼物的意义,让礼物的意义散播,但实物却消散在灰烬中。

关于"经济逻辑的疯狂",用马克思的观点来看,在资本主义发展史中某些似乎是上天注定的事情,实际上是资本本身的产物。为保证商品价值在货币上的幻想的、独立的存在,就要牺牲商品的价值。一般说来,只要货币有保证,商品价值作为货币价值就有保证。这就是为何资本主义对通胀问题非常重视,为了几百万货币,必须牺牲许多百万商品。在资本主义生产中,这种现象是不可避免的。

不论社会需求如何,使用价值都必须被牺牲掉,这又有何逻辑呢?因为资本是价值的运动,但在资本循环中会不时出现堵塞。资本在再生产的某个环节凝固而无法发生形态变化,危机由此发生:

因为每个人都想卖而卖不出去,但是为了支付,又必须卖出去。由于再生产过程的停滞,已投入的资本实际上大量地闲置不用。工厂停工,原料堆积,制成的产品充斥商品市场。因此,如果认为这种情况是由于生产资本的缺乏造成的,那就大错特错了。正好在这个时候,生产资本是过剩了,无论就正常的、但是暂时紧缩的再生产规模来说,还是就已经萎缩的消费来说,都是如此。

马克思在《资本论》中运用辩证唯物主义和历史唯物主义的世界观和方法论,揭示了资本主义社会的经济运动规律,阐述了资本主义产生、发展和灭亡的规律;并根据对资本主义内在矛盾的分析,论证了资本主义为共产主义所取代的历史必然性,为科学社会主义奠定了牢固的理论基础。这部著作在政治经济学领域实现革命性的变革,创立了马克思主义的政治经济学。

《资本论》揭开资本主义的自身困境:工人的赤贫化与资本家对资本的高度占有之间的对比,资本主义的经济神话与频频爆发的经济危机之间的对比。

马克思对于资本主义的批判,尤其是从政治经济学角度展开的批判,很大程度上源于他对自己所处的资本主义时代的观察和反思。他先后目睹 1825 年、1836 年和 1847 年等数次世界范围的资本主义经济危机,这迫使其从经济制度、经济运行规律的角度,来剖析资本主义这个人类社会的新文明样式。正如马克思在《共产党宣言》中指出的那样,资本主义自身充满矛盾性,有着难以克服的困境。

这主要表现在:一方面,资本主义确实创造过巨大的神话,通过将科学技术转化为生产力,创造了超过人类之前所有世代的生产力,建立起超越传统封建社会的生产关系;另一方面,资本主义社会有它所克服不了的基本矛盾,这种矛盾最终成为生产力的桎梏,导致社会财富占有的两极化,进而引发经济危机,使得社会冲突和矛盾频发。欧洲三大工人运动和 1848 年欧洲革命,都是资本主义自身困境导致的恶果。正是在对资本主义困境的思考中,马克思指出资本主义创造了自己的"掘墓人"——无产阶级,而这种困境的解决,也要靠无产阶级革命。

《资本论》揭开资本主义经济危机的根源和必然性:资本主义社会的基本矛盾,即生产社会化和生产资料资本主义私人占有之间的矛盾。

马克思主义认为,人类社会存在着普遍永恒的基本矛盾,即生产力与生产关系、经济基础与上层建筑之间的矛盾。这个基本矛盾具体到资本主义社会,就特殊为生产社会化和生产资料资本主义私人占有之间的矛盾,这是资本主义制度无法克服的。

这个基本矛盾具体表现在两个方面:一方面表现为,生产无限扩大的趋势与劳动人民有支付能力的需求相对缩小的矛盾。它的具体社会特征是社会产品相对过剩,即大量商品积压,大批企业减产或者停产,金融机构倒闭。值得注意的是,马克思在这里讨论的是相对过剩,是社会产品相对于劳动人民的支付能力而言显得过剩,而不是与劳动人民的真实需要相比。

为揭开相对过剩之谜,我们可以看一个滑稽的故事:在 1929 年经济大萧条时期,由于经济危机而丧失工作的父亲,面对儿子的质问:家里为什么这么冷?父亲说因为没有煤了,儿子又问为什么没有煤了,父亲说因为失业所以买不起煤,儿子继续问父亲为什么失业,父亲无奈地说因为煤太多卖不出去,工厂倒闭了。从这个颇具悖论的故事中,我们就能明白马克思所揭露的经济危机的本质——生产相对过剩。

资本主义社会内部矛盾的另一个方面的表现是,单个企业内部生产的有组织性和整个社会生产的无政府状态之间的矛盾。由此带来的问题是,整个经济秩序的混乱,供求关系遭到破坏,继而影响信用关系和债务关系。对于这个方面的理解,从2008年国际金融危机便可见一斑。马克思在《资本论》中所揭露的经济危机的根源,也为人们理解当今"西方之乱"提供了理论指导。

马克思逝世之后,资本主义经济危机仍然在周期性地爆发,并伴随着信息技术的进步,危机爆发更为密集,影响更大。财富的分配依然向资本所有者倾斜,劳动收入的比例在下降,社会贫富差距不断加大。正如占领华尔街运动的人们所抗议的:我们代表99%的人口,反对那些掌握40%财富的1%的人!HISTORY REPEATS!无怪乎《资本论》在2008年国际金融危机爆发后,再度热销!

更要看到,资本早已不能满足西方资本主义国家的国内剥削,已扩张到全世界,资本成为操纵世界的力量。哪里影响资本的增殖,战争或动荡就会跟随到哪里。看看伊拉克、利比亚、叙利亚人民近些年饱受的战乱之苦,我们就能够理解。这实际上涉及《资本论》中的又一个核心概念:资本增殖。

马克思用资本增殖来揭露现代经济运行的规律所在,认为资本最大的本性在于逐利,在于增殖。这种本性不仅使得资本家奴役、剥削工人,而且使得资本家本人也成为资本的奴隶,成为人格化的资本。要弄清这个概念,必须理解经济危机的根源,生产社会化与资本主义生产资料私人占有之间的矛盾。

资本家如何剥削工人?揭开剩余价值理论的神秘面纱。整个《资本论》第一卷最重要的内容,就是马克思所要找寻的现代经济运行规律,这也是马克思政治经济学研究中最具特色和创造性的理论——剩余价值理论。马克思用这个理论要揭露的是资本家如何剥削工人的，进而剖析资本主义社会两极分化的原因，从而揭露资本主义的本质。

资产阶级革命的口号是：自由、平等、博爱、民主。马克思指出，资产阶级打破封建君主制的社会关系，是人类社会的进步。但问题在于，如果资本主义社会真正实现了自由、平等、博爱、民主，为什么还会出现如此巨大的两极分化、工人为什么越老越穷、社会财富却被少数资本家占有呢？资本家认为商品社会最大的原则是平等交换，为此工人和资本家之间的交换也是公平的，即工人出卖劳动力为资本家工作，资本家支付给工人一定的工资。从形式上看，这是公平的，所谓"一手交钱一手交货"。

马克思经过深入研究后，用劳动力商品这个概念揭露出问题所在。在他看来，资本家支付给工人的工资，是用来购买工人的劳动力，这样的交换在形式上是公平的，问题在于工人的劳动力有着非常的魔力，这个魔力在于它能够创造出比资本家支付的工资更多的价值，而这部分价值显然不是属于工人的，而是被资本家无偿占有的。马克思认为工人在劳动中创造的比工资更多，却被资本家无偿占有的那部分价值就是剩余价值。资本家扩大再生产的唯一目的，就是榨取工人的剩余价值。为此，资本家通过延长劳动时间、提高科学技术等方式，尽可能榨取工人剩余价值。正因如此，我们才能在恩格斯文章中看到 19 世纪英国工人的状况，无论是男工还是女工和童工，每天都要工作 14 小时以上，却只能拿非常微薄的工资。这就解释了马克思所谓资本主义社会的基本矛盾——生产无限扩大的趋势与劳动人民有支付能力的需求相对缩小的矛盾，也就不难理解历次资本主义经济危机的生产相对过剩了。

进入 20 世纪以来，尤其是第二次世界大战之后，资本主义国家进入发展的黄金期，而欧美工人运动陷入低潮，为此《资本论》由"工人阶级的圣经"变成政治上失效的"旧约"。与此同时，资本主义国家出现相当多的新变化，其中一个就是对于工人统治策略的改变，由传统的暴力统治转变为意识形态渗透,通过培养工人贵族,在工作时间长度、工资水平高低和工作环境、居住环境等方面提升工人待遇,进而获取工人阶级对资本主义制度的认同。为此,有人指出马克思的剩余价值理论过时了,《资本论》过时了,因为工人阶级的待遇变好了,不存在剥削和压迫了。事情果真这样吗?

日前,读《马克思与〈资本论〉》一书,作者美国经济学家大卫·哈维写道:近来有大量关于马克思个人情况、政治氛围和经济环境的研究问题,乔纳森·斯佩伯和斯蒂德曼·琼斯对马克思的生平做了详尽的探究。他们的研究在某些方面无疑是值得肯定的,但令人遗憾的是,这两位研究者似乎希望将马克思的思想及其大量论述与马克思本人一起埋葬在伦敦海格特公墓,因为他们将马克思思想视为属于19世纪的过时和充满缺陷的产物。大卫·哈维指出"在他们看来,马克思是一个有趣的历史人物,但即便其思想曾经符合时代的节拍,也已与当今时代完全脱节",并强调这两位研究者都忽略了,马克思《资本论》的研究对象是资本而不是19世纪的生活,而资本依然在我们身边,依然鲜活。

马克思是个预言家,预言的是资本主义的历史趋势和未来走向,他不是算命先生,不可能为资本主义的末日确定一个时间表。事实上,伴随着工人斗争的进展,其经济待遇和政治待遇,比马克思的时代有了进步,但资本主义生产资料私有制和社会化大生产之间的矛盾并未改变,资本的逐利本性和资本家对剩余价值的榨取并未停止,今天的问题不是剩余价值理论过时了,而是资本家以更隐秘的方式榨取工人的剩余价值。更为关键的是,当今资本对于剩余价值的榨取不仅仅局限于生产领域,而是渗透到流通领域、金融领域等社会的各个角落。时下,资本主义世界的工人阶级遭受的剥削程度更深、范围更广,剩余价值理论依然具有时代意义。

1868年,恩格斯在《卡·马克思〈资本论〉第一卷书评——为〈民主周报〉作》中写道:"自从世界上有资本家和工人以来,没有一本书像我们面前这本书那样,对于工人具有如此重要的意义。资本和劳动的关系,是我们现代社会体系所围绕旋转的轴心,这种关系在这里第一次得到了科学的说明,而这种说明之透彻和精辟,只有一个德国人才能做得到。"①恩格斯认为,欧文、圣西门、傅立叶的著作现在和将来都是有价值的,只有马克思才能攀登最高点,把现代社会关系的全部领域看得明白而清楚,就像一个观察者站在高山之巅俯视下面的山景一样。

当今时代,社会背景、经济格局、政治格局,都与马克思的时代有了天翻地覆的变化。无论是资本主义世界还是社会主义世界,都出现了马克思不曾想象到的景象,而历史上出现过多次的《资本论》过时论又一次甚嚣尘上。幸运的是,依然有众多的马克思主义者在捍卫着《资本论》的理论内涵与时代价值,而 2008 年国际金融危机再一次印证了《资本论》所彰显的永不过时的真理光芒。

《资本论》没有过时,也不可能过时。对于西方资本主义国家而言,《资本论》是为其医治经济危机弊病的。尽管西方资本主义国家在 21 世纪有了重大变化,但其本质没有改变,剥削和榨取剩余价值没有改变,生产相对过剩没有改变,只不过危机从传统的生产领域转移到金融领域,而通过金融的信用等手段来掩盖劳动人民实际收入下降的事实而已,造成需求旺盛蓬勃的假象,最终导致金融危机。然而,资本主义每次对于经济危机的补救都是头疼医头、脚痛医脚,治标不治本。只要资本主义制度不改变,马克思的批判就永远不过时。

我们可以从 2008 年国际金融危机以来,西方世界对待《资本论》的态度来一看究竟。在英国,大主教罗恩·威廉斯撰文表示卡尔·马克思的观点是正确的。在俄国,马克思的《资本论》受到莫斯科消费者的欢迎,读者大多将马克思视作经济学家和严肃的作家。在德国,马克思的魅力不断上升,原财长施泰因布吕克深入学习《资本论》,成为马克思的铁杆粉丝;新电影之父亚历山大·克鲁格准备将《资本论》拍成

---

① 《马克思恩格斯选集》第 2 卷,人民出版社 2012 年版,第 70 页。

电影,30多所高校组织《资本论》研读会。在美国,大卫·哈维因开设马克思政治经济学课程,带领学生读《资本论》而走红。在世界各地,这样的例子不胜枚举。要赶上时代的列车,追求时代的潮流,我们必须揭秘《资本论》的前世与今生,开启阅读《资本论》的大幕。

三、永葆马克思主义经典之树常青

仰望人类文明的浩瀚星空,一部部经典宛如点点繁星,照亮各民族的精神世界,指引人们前行的航程。经典承载历史、支撑精神、传承价值、引领未来,对于中国共产党人而言,至高的经典首推马克思主义著作。学习中国近现代史,尤其是中国共产党党史就会发现,100多年来中国共产党之所以能从无到有、从小到大、从弱到强,一个重要原因是把马克思主义当"真经"来念、作"看家本领"来修,永葆马克思主义经典之树常青。

中国共产党人为什么要把马克思主义当"真经"来念、作"看家本领"来修?如何才能念好并修出"正果",永葆马克思主义经典之树常青呢?

中国共产党是以马克思主义为指导的工人阶级政党,党的先进性很重要的体现为,党的指导思想和理论基础的先进性。中国共产党成立100多年,新中国成立70多年,全党马克思主义理论水平的不断提高,马克思主义中国化历史进程的持续推进,都是以马克思主义理论的学习、研究、宣传和广泛普及为重要前提条件的。马克思主义经典著作中所阐发的基本原理始终是指导中国革命、建设、改革的强大思想武器,始终是中国共产党人的宝贵精神财富。

中国共产党人要坚持把读马克思主义经典、悟马克思主义原理当作一种生活习惯、当作一种精神追求,用经典涵养正气、淬炼思想、升华境界、指导实践。通过学习马克思主义经典著作,既认识到,马克思主义是真理揭示了自然界、人类社会、人类思维发展的普遍规律,是方法揭示了事物的本质、内在联系及发展规律,是"伟大的认识工具"指导人们观察世界、分析问题;又认识到,马克思主义具有鲜明的实践品格,面向现实,关切时代,不仅致力于解释世界而且致力于改变世界,具有深厚的人民情怀,以实现人民解放、维护人民利益为追求,以实现人的自由全面发展和全人类解放为己任;还认识到,马克思主义的生命力来源于它的真理性、科学性、实践性和人民性,无论时代如何变迁、科学如何进步,马克思主义依然占据着真理和道义"两个制高点",既是"黄昏中起飞的猫头鹰",又是"黎明时鸣唱的雄鸡"。这也是马克思主义著作之所以成为经典的缘由。

学经典、用经典,是中国共产党人的优良传统。早在 1938 年召开的党的六届六中全会上,毛泽东在提出"马克思主义中国化"这个任务时,就强调全党同志特别是领导干部必须充分认识"普遍地深入地研究马克思列宁主义的理论"的重要性。毛泽东是学习马克思主义经典著作的典范,不仅身体力行,一部《共产党宣言》用心读、反复读,阅读次数超过 100 遍,对书中的许多精辟论断几乎全能背下来;更是大力倡导和推动全党学习马克思主义经典著作。1939 年底,他对一位进入马列学院学习的同志说:马列主义的书要经常读,当然不必要一律都精读,而是遇到实际问题,就去请教马列主义,时常翻阅,从理论上进行分析。1945 年,在党的七大上,他提出读《社会主义从空想到科学的发展》等 5 本马列著作,并说这 5 本书"如果有五千人到一万人读过了,并有大体的了解,那就很好,很有益处"。1949 年,在党的七届二中全会上,他又提出干部必读的《社会主义发展史》等 12 本马列著作,并说"如果在今后三年之内,有三万人读完这十二本书,有三千人读通这十二本书,那就很好"。新中国成立后,面对新的形势和任务,他一再强调干部要读马列主义著作。

崇"古"而不泥"古",毛泽东虽然崇敬马克思、坚信马克思主义,但绝不盲崇,从不把经典著作里的论述当成思想教条,而是有着自己的鲜明态度:我们说马克思主义是对的,绝不是因为马克思这个人是什么

"先哲",而是因为他的理论,在我们的实践中,在我们的斗争中,证明了是对的……我们需要"本本",但是一定要纠正脱离实际情况的本本主义。正是有了这样的态度,才有了中国化的马克思主义,有了革命、建设、改革事业的不断胜利。

 木屋小故事

1932 年 4 月,红军攻打漳州时收集到《反杜林论》《社会民主党在民主革命中的两种策略》《共产主义运动中的左派幼稚病》等经典著作,毛泽东如获至宝。

长征途中,毛泽东患着病、挨着饿,却躺在担架上啃着这几本来之不易的宝贝,还不停地圈画。

新中国成立后,他不论走到哪里,都带着一批常读的经典著作,少则几本,多则二三十本。

毛泽东曾形象地比喻说,几千年以后看马克思,就像现在看孔夫子。他还强调:人的思想是历史地发生与发展着的,不是一开始就完备的,也永远不能完备。有人肯定在追问:那毛泽东如何对待马克思思想的不完善呢?

1959 年 2 月 14 日,毛泽东在接受智利《最后一点钟》报社社长阿图罗·马特·阿历山德里采访时说:"至于马克思、列宁关于个别问题的结论做得不合适,这种情况是可能的,因为受当时条件的限制,例如马克思关于无产阶级革命首先在西方几个国家同时取得胜利的结论。"①关于马克思主义理论中结论性的、论断式的、具体政策措施方面的缺陷和不足,是马克思主义创始人早就提出并坚决加以修正的。这就讲明了这些不完善的原因,在于受当时的条件限制。道理很简单,事

———————————

① 中共中央文献研究室编:《毛泽东年谱(1949—1976)》第 3 卷,中央文献出版社 2013 年版,第 590 页。

物发展不充分、条件不成熟,所得出的结论也必然不充分、不成熟。

还是在这一天,毛泽东指出:"马克思活着的时候,不能将后来出现的所有的问题都看到,也就不能在那时把所有的这些问题都加以解决。俄国的问题只能由列宁解决,中国的问题只能由中国人解决。"①所以,毛泽东说为什么教科书(指苏联《政治经济学教科书》)过去没有出版,为什么出版了以后要一次又一次地修改,还不是因为过去认识不清楚,现在也认识不完善吗? 他还说,拿我们自己的经验来说,开始我们也不懂得搞社会主义,以后在实践中逐步有了认识。认识了一些,也不能说认识够了。如果认识够了,那就没有事做了。

马克思思想中有不完善之处,就需要完善,完善就要发展,发展就要创新。创新就是不断给马克思主义注入新鲜血液,新鲜血液才是马克思主义永葆青春活力的根本!

中国共产党人最重视,也最善于创新马克思主义理论。2005 年,我国建立起马克思主义理论一级学科。10 多年来,全国 1000 多所马克思主义学院、马克思主义研究院所应运而生,进一步加强了马克思主义理论研究和思想政治教育,巩固和扩大了马克思主义思想阵地,稳定和壮大了马克思主义理论队伍,促进了马克思主义理论学科建设。

"理论是灰色的,而生命之树常青",人们常用歌德在《浮士德》里的这句话来说明理论要适应生活的变化。生命之树之所以常青,是因为现实社会总是"苟日新、日日新、又日新",生命之树总会不断抽新枝、发新芽、展新颜。让马克思主义经典之树常青,既要读原著、学原文、悟原理,掌握马克思主义原理和贯穿其中的立场观点方法,更要通过学习马克思主义经典著作认识其当今价值和时代意义,透过精神经典看经典精神。

"在头脑里搞建设",不是一件容易的事情。"蒙惠者虽知其然,而

---

① 中共中央文献研究室编:《毛泽东年谱(1949—1976)》第 3 卷,中央文献出版社 2013 年版,第 591 页。

未必知其所以然也。"①如何学习马克思主义经典著作,考量的是一种态度,探究的是一种方法,追寻的是一种精神。对待马克思主义既不能采取教条主义的态度,也不能抱有实用主义的心理。那种削足适履、什么都用马克思主义经典作家的语录来说话,不顾自身实际生搬硬套、企图从经典著作中寻章摘句解决现实问题的做法,不是马克思主义;那种把马克思主义当作修饰门面的工具,对马克思主义随意裁剪、凭主观臆断任意演绎、为我所取的倾向,也不是马克思主义。

针对一些曲解、误解甚至歪曲其思想的所谓"马克思主义者",马克思作出过严正声明:"我只知道我自己不是马克思主义者。"②恩格斯说过:

> 一个人如果想研究科学问题,首先要学会按照作者写作的原样去阅读自己要加以利用的著作,并且首先不要读出原著中没有的东西。③

我国学术界对于马克思主义理论的学习和研究,态度总体上是端正的,对马克思主义经典著作的解读总体上是科学有效的。同时要看到,当前学术界依然存在着一些需要努力规避的不良倾向。

教条主义地对待马克思主义经典著作,这与苏联学者的影响不无关系。必须看到,苏联的马克思主义学者在搜集、整理、出版马克思主义经典著作方面,作出过较大贡献。由于受当时社会历史条件的限制,他们在一些方面对马克思主义经典著作,也作出过一些不符合甚至违背经典作家原意的解读,没有很好地根据时代的变化、实践的发展、科学的进步丰富和发展马克思主义,教条主义地对待马克思主义经典著作的倾向比较突出。苏东剧变后,我国马克思主义研究者在很多方面

---

① 朱熹:《建宁府建阳县长滩社仓记》。
② 《马克思恩格斯全集》第37卷,人民出版社1972年版,第432页。
③ 《马克思恩格斯全集》第25卷,人民出版社1972年版,第26页。

克服了苏联学者的消极影响；但由于苏联学者对我国马克思主义研究的影响较为深远，不同学者对苏联马克思主义研究成果的评价也不尽一致，一些消极因素至今仍影响着我国少数马克思主义学者。

不会用发展的眼光看问题，片面理解理论联系实际的原则。我国少数学者不能很好地用历史的、发展的眼光看问题，不能根据经典作家所处的社会历史环境和他们当时面临的实际问题，去解读马克思主义经典著作。有的在分析当今面临的形势和实际问题时，往往简单运用经典作家在特定历史条件下提出的思想和观点。这难免会犯"刻舟求剑"的错误，误读或曲解马克思主义经典著作的原意。

喜欢在一些概念和观点上加"修饰语"，过度解读马克思主义经典著作中的一些概念和观点。这主要表现为，有的学者爱"标新立异"，致使有"画蛇添足"的嫌疑。他们喜欢搞所谓的"创新"，在一些概念前面加上一长串的定语，把一些原本明白易懂的观点，弄得晦涩难懂甚至面目全非，让人不知所云。这有可能是为了联系我国实际，也可能是为了对马克思主义进行所谓"创新"，主观地把马克思主义经典作家在不同时期和不同著作中的论述联系在一起，对其中的一些概念和观点作过度解读。

言必称"西马"，全盘接受西方马克思主义的观点和方法。国内有学者对西方马克思主义和西方马克思学的功过是非研究不够、辨别不清、判断有误，有时把其中一些错误观点和研究方法，当作对马克思主义的创新加以接受，甚至大加渲染、极力模仿和倡导，更为典型的是言必称"西马"。必须清醒地认识到，西方学者在研究解读马克思主义经典著作中，既提出了一些有价值的观点和有益的研究方法，也提出了诸多曲解马克思主义的观点和不正确的研究方法，有的西方学者甚至恶意攻击和歪曲马克思主义。如果不加辨别地运用西方马克思主义的观点和方法，必然造成对马克思主义经典著作的误读或曲解。

如何按照马克思主义经典作家"写作的原样"去解读其著作？我们也许有所了解，2004 年党中央启动和实施马克思主义理论研究和建设工程以来,我国高校和社会科学研究院所积极探索科学路径,在这方面做了大量工作,取得了巨大成绩,但也存在一些不足和短板,亟须克服不足,补齐短板。

自古以来,中国知识分子就有"为天地立心,为生民立命,为往圣继绝学,为万世开太平"的志向和传统。进入新时代,一切有理想、有抱负的哲学社会科学工作者都应当立时代之潮头、通古今之变化、发思想之先声,积极为党和人民述学立论、建言献策,担负起历史赋予的光荣使命。这就需要不断强化问题意识、坚持问题导向,在学习和解决一个又一个具体问题的过程中,永葆马克思主义经典之树常青。

针对"史""论""著"教学相对独立、彼此分散的问题,应当注重把三者有机结合起来。我国高校马克思主义学院和哲学院系,设有马克思主义哲学史、哲学原理、哲学经典著作选读三门基础课,而且由不同的老师讲授。这种课程设置有着一定的弊端,主要是把统一的马克思主义哲学分为三门不同的课程。这样会导致讲授哲学原理的老师,往往不太重视对哲学史和哲学经典著作的研究;讲授某一本或几本哲学经典著作的,又不太重视对哲学原理、哲学史和其他哲学经典著作的研究。这种肢解统一的马克思主义哲学的做法,往往难以全面系统理解马克思主义哲学思想,甚至会造成各种误读或曲解。这启示我们,需要通过学习和研究经典著作来掌握哲学原理、哲学史,全面准确、深入系统地掌握和解读马克思主义哲学。同时,在个人有条件、时机成熟的情况下,可以将马克思主义哲学的三门基础课"合而为一",以讲授哲学经典著作为重点。

针对马克思主义哲学、政治经济学、科学社会主义教学单打独斗、"各自为政"的问题,应当注重把三大组成部分有机结合起来。马克思主义主要由哲学、政治经济学、科学社会主义三大组成部分构成,三者间互相渗透、互相补充,构成统一的马克思主义理论体系。其中,马克思主义哲学是整个马克思主义的指导原则,政治经济学是通向实际生活的中介,科学社会主义则是运用哲学分析经济事实引出的结论和要达到的最终目标。社会主义理论一旦离开马克思主义哲学和政治经济学,就会背离科学社会主义;政治经济学离开马克思主义哲学的指导,离开科学社会主义理论,就会跌入资产阶级政治经济学的怀抱;马克思主义哲学如果无视科学社会主义指明的实现社会主义和共产主义的方向和道路,无视马克思主义政治经济学对社会经济现象尤其是对新出现的社会经济现象的分析,就会沦为烦琐的、脱离实际生活的经院哲学。如果把这三者中的任何一个组成部分同整体割裂开来,都会使其丧失原有特性,进而导致对马克思主义理论体系的背离或曲解。马克思主义经典作家的很多著作,都是把这三大组成部分融为一体的。例如,《资本论》既是一部政治经济学著作,也是一部哲学著作和科学社会主义著作,是把三大组成部分融为一体的典范。在学习马克思主义经典著作时,我们需要把马克思主义三大组成部分有机结合起来,认真加以思考、反复领会要义。

针对当前只有马克思主义"通史"教材,青年学生在高校学习只有量的扩张、难以有质的飞跃的问题,应当尝试梳理和编写"专题史"教材。我国先后出版了一批马克思主义哲学史、经济学说史、政治学说史、科学社会主义发展史教材,这些均可称为"通史"教材。然而,在我国很少见到就马克思主义某一基本原理而撰写的发展史教材,暂称之为"专题史"教材。这对学习和研究马克思主义理论是不利的。例如,高校马克思主义学院和哲学研究院系在本科生阶段讲授马克思主义哲学史,到硕士研究生阶段仍讲授此"通史",这只有量的扩张,难以有质的飞跃。因此,我们可以从自我做起、从现在做起,通过学习、收集和编写马克思主义哲学"专题史"教材,如唯物主义各种形态的演变史教材、辩证法各种形态的演变史教材、哲学基本问题的发展史教材等。当然,这也提醒高校、社会科学研究院所教学,可以在本科生、研究生阶段分别讲授马克思主义发展"通史"和"专题史",使教学由浅入深、由通到专,进而帮助青年学生全面、准确、深入地学习理解马克思主义经典著作。

针对大多数导读教材简单套用马克思主义基本原理教材中的概念和观点，来说明和解释经典著作中的相关概念和理论阐述的问题，应当进一步搞好马克思主义经典著作导读。我国先后编写出版了一批马克思主义经典著作导读教材，但大多数导读教材有个通病，就是简单地套用马克思主义基本原理教材中的概念和观点，来说明和解释经典著作中的相关概念和理论阐述。这具有较大的局限性：容易把马克思主义基本概念和原理简单化、教条化、凝固化，容易脱离经典作家个人的特点、风格和气派，以及其基本概念和原理的具体历史背景、学术背景和语境，难以准确把握其原意。例如，某部经典著作或其中某些篇章，本来是用一系列马克思主义基本观点阐明一个基本原理，有的导读教材却把这些基本观点分隔开来、孤立起来加以论述，使读者看不出经典作家论述的各种观点之间的内在联系。我们应当边学习边积累，尝试撰写高质量的导读教材，帮助人们学好马克思主义经典著作和基本原理。

针对将马克思主义理论看作一经形成就永恒不变真理的问题，应当学会用发展的观点对待马克思主义。马克思主义经典作家的理论不是教条，而是"发展着的理论"。他们在每一时期的理论，都是在特定的历史条件下，针对当时需要回答的特定问题讲的，因而都具有相对性，都只在一定条件下和一定范围内适用。我们决不能将其看作在一切条件下和一切范围内都适用的绝对真理，看作一经形成就永恒不变的僵死教条。例如，《资本论》是马克思最为成熟的理论著作之一，而对于这部科学著作中的理论观点，恩格斯也认为不能把其绝对化，而应该把它们看作是相对的。这充分说明，任何理论都是时代的产物，都具有时代的特点。马克思、恩格斯是与时俱进的典范，他们总是根据时代和实践的变化、社会的发展、科技的进步反思自己提出的理论，克服自己理论的时代局限性和历史局限性，不断把自己的理论推向前进。我们应当秉持这种态度和精神，用发展的观点对待马克思主义、解读马克思主义经典著作。

学习马克思主义经典著作，方法很是关键。当前，一些高校都在让青年学生读经典著作,这一方向是正确的,但有的是让青年学生死记硬背,这就有点方法不对头了。1868 年 7 月 11 日,马克思在给路德维希·库格曼的信中写道:"科学的任务正是在于阐明价值规律是如何实现的。所以,如果想一开头就'说明'一切表面上和规律矛盾的现象,那就必须在科学之前把科学提供出来。"①这是典型的马克思的方法——首先从物质环境中提出和说明抽象规律,然后从反方向探索所有可能性,看看是否能否定该规律。这启示我们,学习马克思主义经典著作既要"顺藤摸瓜",更要"顺瓜摸藤",盯着问题去、找准发力点,学有所问、学有所获,才会学之有味、学而起劲,才能永葆马克思主义经典之树常青。

---

① 《马克思恩格斯全集》第 32 卷,人民出版社 1972 年版,第 541 页。

第五章　如何奏响理想与友谊交响曲

千金易得,知己难觅。马克思、恩格斯的革命友谊长达40年,正如列宁所说"古老传说中有各种非常动人的友谊故事",但他们的友谊"超过了古人关于人类友谊的一切最动人的传说"。友谊是互相信任的关系,在择友上人们往往倾向于与具有相同理想和价值观的人交往。马克思、恩格斯有着什么样的共同理想和价值观?他们认为与其华丽外衣装饰不如知识武装自己,不当金钱的奴隶要做主人,志同道合的革命友谊比天高、比海深,奏响了理想与友谊的"交响曲"。

一、与其华丽外衣装饰不如知识武装自己

学习是文明传承之途,人生成长之梯,政党巩固之基,国家兴盛之要。1939 年,陈云在《学习是共产党员的责任》一文中指出,以为只要一天到晚不停地工作就算尽了对党的全部责任,这种想法是不全面的。一天到晚工作而不读书,不把工作和学习联系起来,工作的意义就不完整,工作也不能得到不断改进。这虽然是对党员而言的,但由此可见,一个人要改进自己工作,实现人生理想,读书学习是必要的前提条件。

近些年来,关于读书的言论多如牛毛,至少有三种流行观点发人深思和深省。这三种观点甚或形成与传统主流教育理念相冲突的非主流价值观,并不断发声,造成很大影响,亟须加以正视和引导。

一种是"读书无用论"。设想一个场景,身在农村的父母对前脚刚走入社会、后脚才步出校门的青年发问:"你读了这么多书,又赚不到钱,读书有什么用?"假设这个青年就是自己,请问我们应该如何回答呢?在"时间就是金钱"观念的影响下,一些家长尤其农村家庭视劳动力为生产力,不知不觉中就有了读书无用的感觉!一到逢年过节、走亲访友,某些所谓"德高望重"的前辈总爱指点后生:这孩子是不是上学上傻了,啥人情世故都不懂,就会死读书、读死书,上大学有什么用?看看隔壁或同村某某书没读几年,又开公司又接工程,不光钱没少赚,还为村里做了不少事!

另一种是"精致的利己主义论"。精致的利己主义者是指经过精心打扮甚至伪装的利己主义者,实质上就是精致+利己主义者。精致与粗糙相对,精致之人是指对生活有着自己的追求,不是一味追求物质价值,有个人生活品味的人;利己主义者,顾名思义是一切活动都以利己主义为核心的人。造成精致利己主义者的原因可追溯至人之初,经幼儿园、小学、中学不断强化,大学阶段不过使其越发精致而已。2017

年 6 月 24 日,在西南交通大学的本科生毕业典礼上,校长徐飞以理科生所熟知的"耦合"为主题,阐述了人与人、人与物、人与己的关系,告诫广大青年学生不要做精致的利己主义者。这引发在场青年学生共鸣,网上掌声如潮。

还有一种是高校"四大家族论"。因应升学压力、应试学习,催生高校"四大家族",并逐渐成为高校主流人群。从大一到大四,大学期中期末均有考试,一些老师还会随机布置论文,这意味着青年学生有了一系列的考试任务。然而,在这些"规定动作"之外,青年学生又给自己布置了"自选动作"。教育专家分析,沉溺于"应试学习"的群体可分为"四大家族"——考证一族,毕业后选择参加工作;考研一族,毕业后选择继续深造;考公一族,毕业后选择考取公务员;寄托一族,参加 GRE 和托福考试,毕业后选择出国留学。在毕业有时意味着失业的环境下,高校"四大家族论"成为一种无奈的自嘲和调侃。

这三种观点之所以在一定范围内流传,造成社会舆论影响,究其主要原因,关键在没有搞清楚求学是什么、为什么求学和怎么样求学三个基本问题。历史是最好的老师,革命导师予人以启迪。对于这三个基本问题,了解把握马克思的求学观,有助于人们认识读书的本质、求学的意义和教育的旨趣。

求学是什么?当初高考的时候,我们是怎样选择专业的?对自己的专业满意吗?马克思在青年时期和许多青年学生一样,面临着对自己专业不满意的问题。最初,法律家族史出身的马克思,听从其父母意见,选择热门的法律专业,但他很快找到自己真正的兴趣,并转到比较冷门的哲学专业。兴趣是最好的老师,也是摆脱世俗眼光的动力。马克思的求学历程,如果用一句话来概括,就是从一个"坏小子"转变成一名"超级学霸"的过程。

1835 年,17 岁的马克思遵照父母的愿望,进入波恩大学法律系学习。如同天下父母望子成龙、望女成凤一样,父母希望他毕业后成为一名律师。但马克思并不是那种听话的好孩子,从进大学起,他就把学习重心放在哲学上。马克思说没有哲学,我就不能前进。由于自学哲学,学校的课程难免顾此失彼,马克思在求学早期出现了严重偏科现象。在这一点上,倒与青年毛泽东颇为相似。加之,青年马克思不拘小节,有些"视金钱为粪土"的味道,时常花钱大手大脚,喝酒打架斗殴的"社会人"也当过几回,直至被学校处分,甚至被关禁闭。刚跨入大学门槛的马克思,是个十足的"坏小子"形象。

青年朋友的大学时光过得如何?经常会感到经济拮据吗?一个月的大学生活费是多少?2021年,我国全面建成小康社会,人民群众的生活水平如芝麻开花——节节高,大学生的生活费自然"水涨船高"。马克思读大学时的开销跟现在相比,有过之而无不及。从他和父亲亨利希·马克思的书信往来看,马克思大学一年能花掉700塔勒。这是一个什么概念呢?当时的普鲁士议员一年的总收入只不过600塔勒。按照购买力平价计算,1塔勒相当于今天的200多元人民币,700塔勒就是14万左右。

在当时乃至当前,这些钱都不是一个小数字,又都花到哪儿去了?据有关记载,马克思在波恩大学期间,加入了特里尔同乡会的组织,而且成为会长,一些钱就用来请客吃饭,聚会喝酒。马克思是一个青年学生,没有收入来源,这些钱自然而然全由他的父亲掏腰包。当父亲收到马克思寄来的账单时,在信里痛斥这些账单是"未结算的卡尔式账单"。在父亲眼里,这是一个典型的"问题少年"的表现。他写信给马克思:"杂乱无章,漫无头绪地踯躅于知识的各个领域,在昏暗的油灯下胡思乱想,蓬头乱发,虽不在啤酒中消磨放任,却穿着学者的睡衣放荡不羁;离群索居、不拘礼节甚至对父亲也不尊重。"①

所谓"经历过,才会懂",走吧,走吧,人总要在跌倒后爬起、再跌倒后再爬起,循环往复、周而复始中,慢慢学着长大、逐步成人成才。如果马克思一直这么"坏"下去,也就不可能成为当今人们心目中那样的马

---

① 《马克思恩格斯全集》第40卷,人民出版社1972年版,第880页。

克思。父亲见马克思这么胡闹可不是办法,于是在他大学一年级结束后的1836年,就安排他转学柏林大学。这有点"孟母三迁"的味道,也成为马克思求学历程中的一个重大转折点。

转学后的马克思,精神面貌很快得以改观,从热血的"哲学愤青"变成靠谱的"学术宅男"。柏林大学严谨的学风,让青年马克思一改从前的浮夸,开始专心于学术研究。这如同玩游戏开了外挂一样,开始拼命读书。"开卷有益,朕不以为劳也",源自宋朝王辟之的《渑水燕谈录·文儒》。据载,宋朝初年,太宗让文臣辑录了1600多种古籍的重要内容,编成规模宏大的分类百科全书《太平分类》,后更名为《太平御览》,每天必读,学问日进。这时的马克思大量读书,可谓"学问日进"。

俄国哲学家别林斯基说过:不好的书告诉你错误的概念,使无知者变得更无知。可见开卷之时,选择十分必要。既要避开引人误入歧途的坏书,又得挑选适合自己的好书。那时的马克思自学英语和意大利语,翻译古罗马历史学家塔西佗的《日耳曼尼亚志》和奥维狄乌斯的《哀歌》等名著,前者正是提出"塔西佗陷阱"的著名历史学家。马克思的头脑这个"小宇宙"似乎瞬间被激发,还一发不可收拾地写了300多页的书稿。

马克思的求学经历告诉青年朋友,年轻人的"坏"有两种:一种是面对现实的冷酷,放弃青春理想后的自我放逐和堕落;另一种是怀揣梦想,但面对理想和现实的落差,梦想一时难以实现,又想不通而形成的叛逆与发泄。青春期的马克思,就是探索中的叛逆。马克思看似是个"坏小子",看似离经叛道,但他从未丢弃其梦想,从未放弃对人类幸福和世界未来的思考与探索。一旦寻找到探索知识的正确道路,他就开始在追梦圆梦的道路上奔跑,散发出人生灿烂的光芒。

为什么求学?言为心声,我们先来看一些马克思关于读书的思考和思想吧!关于读书,马克思认为任何时候也不会满足,越是多读书,就越是深刻地感到不满足,越感到自己知识贫乏。关于知识,他如是说:"良心是由人的知识和全部生活方式来决定的。"①关于求学的意义,他觉得科学绝不是一种自私自利的享受,有幸能够致力于科学研究的人,首先应该拿自己的学识为人类服务。马克思信奉"思考一切"的理念并终生不渝,他关于读书求学的名言警句,最精彩的一句莫过于"与其用华丽的外衣装饰自己,不如用知识武装自己"。

时下,面对"读书无用论"和"精致的利己主义论"、高校"四大家族论",尤其是有人追求金钱第一、感官至上、娱乐至死,甚至颜值主义的时候,看到或听到马克思关于读书的思考和思想,不知是否犹如平地惊雷,能否令其醍醐灌顶?

"书籍是人类进步的阶梯",求学益智。书籍记录了人类历史,记载着先人实践的经验与对自然的认知。当人们打开书本时,就能了解自然变化的规律和利用自然、改造自然的方法,就能见到先贤古圣的智慧和创造,就能掌握科学知识。在学习、工作和生活中,偶遇的疑惑和问题,我们均可从书中找到答案。可见,读书让人变得更聪明、更智慧。

常言道,"养心莫如静心,静心莫如读书"。现代医学早已证明,读书能调节人的精神,求学益心。目前,世界各国各地不乏诗书音乐疗法。在人际关系不顺、事业受阻之时,在遇到挫折、情绪低落之刻,我们不妨打开书本,书香会让人释放情感,书味会让人找到乐趣,从而获得身心愉悦。

"安居不用架高堂,书中自有黄金屋""娶妻莫恨无良媒,书中自有颜如玉",这出自宋代赵恒的《劝学诗》。正是书中自有黄金屋、书中自有颜如玉启示人们,求学益业。我们正处在一个变革的时代,新信息、新技术、新知识层出不穷,任何一个人、民族、国家,要想成就一番事业都必须勤奋求学,不断充实和提高自己。"活到老,学到老",面对激烈竞争和沉重工作压力,仅仅依靠原有知识是远远不够的,不发奋学习,知识就会枯竭、落后于人,必然会被他人超越、被时代淘汰。

---

① 《马克思恩格斯全集》第6卷,人民出版社1972年版,第152页。

更有趣的是,求学益寿。有人曾挑选400名16世纪以来的欧美名人,对其寿命进行研究,结果是读书人居首,平均寿命79岁。中国也有人对秦汉以来3000多位著名学者的寿命做过统计,发现其平均寿命65.18岁,远高于其他人群的寿命。究其根源,恐怕在于求学可助人树立正确的世界观、人生观、价值观,从而达到走正道、干正事、讲正义的崇高境界;可助人陶冶情操、开阔胸襟,从而养成修身弘道,忘我无我,人与自然、社会和谐相处的崇高品德。

当然,求学的最高境界在济世。在《周恩来全传》中,英国作家迪克·威尔逊讲述了青年周恩来的求学故事。有一次,校长问学生为什么读书,得到的多是很平常的回答:为光耀门楣而读书,或为了找个好工作。只有周恩来回答说:为中华之崛起而读书!这句广为人们所熟知的话,早已高挂在一些学校教室的墙壁上,铭记在学生们的内心深处。

马克思在高中毕业作文中写道:"如果我们选择了最能为人类福利而劳动的职业,那么,重担就不能把我们压倒,因为这是为大家而献身;那时我们所感到的就不是可怜的、有限的、自私的乐趣,我们的幸福将属于千百万人,我们的事业将默默地、但是永恒发挥作用地存在下去,而面对我们的骨灰,高尚的人们将洒下热泪。"青年马克思的偶像是普罗米修斯,因为普罗米修斯不仅给人类盗来火种,而且教会人们许多知识和技能,他宁愿受苦赎罪也要为人类造福。这正是马克思求学观的生动写照和真实反映。

求学的本质内核在求知。除了有"高大上"的人生理想和奋斗目标,还要有一颗好奇心,就是那种发自内心最深处的呼声和回响。马克思求学的动力,也就是那种来自灵魂深处的呼唤。进入柏林大学后的第一年,他"敞开肚皮读书",广泛阅读法学著作,重点学习哲学,准备写一部法的哲学。天才的头脑一旦开始经历刻苦的学术训练,带来的便是思想的快速升级。

木屋小故事

马克思的"学霸"体现在通宵达旦、废寝忘食地阅读和思考，由于大脑 CPU 运转过热，马克思曾一度"死机"，重病住院。即便是住院休养，马克思仍然认为这是一段难得的学习时间，索性把黑格尔的著作从头到尾阅读一遍，这不能不说是一个奇迹。

黑格尔哲学以艰深晦涩著称，许多学生甚至需要花 10 年的时间，才能通读黑格尔的全部著作。此时的马克思仅用短短几个月，就掌握了黑格尔哲学的基本"套路"。

当马克思恢复健康，他立即参加一个叫"博士俱乐部"的群体，这个俱乐部里是一些有抱负的青年人，他们大多已经完成了学业，最多的精力是致力于黑格尔哲学。那里充满着理想主义，充满着对知识的渴望和自由的精神。

念念不忘，必有回响。在马克思"好好学习、天天向上"的努力下，新世界的大门向他敞开了。在从浪漫主义转向黑格尔哲学的过程中，马克思有几天甚至完全不能思考问题，他像个狂人一样在花园里乱跑，在新的思想领域里兴奋着、沉醉着，他自信的步履敲击着地面，震怒的双臂直指苍穹。纵观马克思的整个求学生涯，如果没有这段时间，就不会有后来真正的马克思出场。马克思主义哲学正是在批判和继承黑格尔哲学的基础上完成的，其中至关重要的一步，就是对黑格尔思想的学习。时隔 20 多年后，马克思回顾起青年往事时说：我要公开承认，我是黑格尔这位大思想家的学生。

大学阶段是人生中重要的成长时期，回首马克思的大学时光，既有"衣马轻肥"，又有"书香醉人"，无论如何，找到自我成长的目标并为之奋斗，这才是最重要的。青春最为宝贵，也最容易浪费，好在青春允许青年去犯错和改正，有道是"浪子回头金不换"。趁着青春年华尚未消散,静下心来多读书多思考,让自己的头脑更有智慧,这样的人生才不虚此行。

怎么样求学?作为马克思主义的主要创始人、无产阶级的革命导师,马克思是世界公认的大学者。他的生平著作极富,如《共产党宣言》《资本论》等都是其著名代表作。在马克思一生的革命生涯和学术生涯里,他始终与书为伴,好学不辍。

古往今来,举凡先贤和伟人,都有自己的求学特色和读书方法。恩格斯的读书方法之一是重视读原著,一般不轻易使用第二手、第三手材料。他认为,系统读原著是从事研究的一种正确的读书方法。这样可以了解一个理论的产生、发展和完善的过程,不仅全面系统地掌握其基本原理,而且把握其发展过程,了解这一理论的全貌。

列宁酷爱读书,喜欢在书页的空白处,随手写下内容丰富的评论、注释和心得体会,有时在封面上标出最值得注意的观点或材料。读到具有较高学术价值的著作,他还在书的扉页或封面上写下书目索引,注明书中的好见解、好素材,以及具有代表性的错误论断的所在页码。他把做批注视为一种创造性劳动,非常认真地加以对待,从不马虎草率。他一般使用铅笔批注,很少用钢笔,写批注的过程,应该说是与书的作者探讨甚至激烈争论的过程。每当读到精辟处,他就批上"非常重要""机智灵活""妙不可言"等;读到谬误处,就批上"废话!""莫名其妙!"等,有的地方则干脆写上"哦,哦!""嗯,是吗?!""哈哈!""原来如此!"等。列宁读书入神之态,跃然纸上。

列夫·托尔斯泰善于总结和回顾自己的读书经历,并加以归纳。他在阅读书籍之外,还喜欢与人谈论,交流思想和读书心得。爱因斯坦的求学特色和读书方法,可以概括为四点:一是勤奋刻苦的自学精神和自学习惯;二是读书学习可以根据自己的情况和目标追求而有所舍弃;三是读书学习之外,常与同学讨论;四是提倡深入理解,反对死记硬背。

马克思一生博览群书,学识渊博而精深,具有极富自身特色的读书方法和求知习惯。他虽然记忆力惊人,对读过的书能记得异常深刻准确,但读书时总要做笔记。他的笔记本,不少是自己制作的,通常的做法是将一叠白纸一折为二,居中间缝上一道线,在原封面上写明做笔记的时间和地点,编上笔记的序号,有的还加上标题。笔记写得密密麻麻,旁边留出的空白处,有用铅笔、钢笔作的粗细实线、虚线,或者"X""+"等各种记号。为了查阅方便,他对许多笔记编制目录和内容提要,然后放到特定的地方,需要时不用翻找,随手就能抽出来。

马克思生前学识之渊博,读书之广泛,是极少有人能与其相比的。他不仅以毕生精力专门研究政治经济学、哲学、政治学、法学、历史学和社会学等学科,而且酷爱文学,阅读过大量的诗、小说和散文,还写下了数量庞大的历史学、人类学、数学等学科笔记。

马克思之所以能获得巨大成功,在各个领域中都能有所作为,成为一个时代思想的高峰。这与他科学合理的读书方法,是密不可分的。

怎么样求学?马克思为人们提供了许多大有裨益的人生经验。其一,求学喜做摘要和笔记。马克思读书很有系统性,经常是带着目的有针对性地阅读,每逢书中他自认为重要和有参考价值的地方,都加以摘要,并做笔记。其二,坚持有规律性的求学生活。马克思的一生虽然颠沛流离,在法国、比利时等国家流浪或暂寓,但他的读书生活一直没有间断。其三,正确处理求学认知和自身创造之间的关系。

对于求知,每个人都有不同的理解,由此形成不同的价值观。例如,有人把知识视为自己的朋友,有人奉为老师,有人视作精神食粮,有人看作智慧或快乐的来源,也有人把知识作为自己的装饰品,附庸风雅。但马克思不一样,他认为书是我的奴隶,应该服从我的意志,供我使用。这在一些人看来,也许会以为马克思有点狂傲,但在这里至少可以说明三点。首先,马克思读书,既钻得进,又拔得出。其次,马克思把欧洲当时的所有经典著作大致上读了个遍,他没有拜服其下,而是站立其上,并站在时代高度以审视眼光加以俯瞰,所以站得高,自然看得远。再次,马克思读书已达到一个相当高的境界,否则没有这么深刻的认识,难以得出如此的体会。

当然,除方法以外,马克思之所以能成为一个时代的高峰,形成一个博大精深的思想体系,还与他终身刻苦勤奋的攻读,以及勇于探索和创造的精神是分不开的。正如马克思所说的:"在科学上没有平坦的大道,只有不畏劳苦沿着陡峭山路攀登的人,才有希望达到光辉的顶点。"①

人的想象力、创造力从哪里来? 要从刻苦的学习中来。知识越学越多,知识越多越好,必须像海绵吸水一样学习知识。既勤学书本知识,又多学课外知识,还要勤于思考,多想想,多问问,这样就能培养自己的创造精神。从马克思的求学历程来看,他从来都不是一位坐而论道的空谈家,而是一位脚踏实地的实践者。哲学的道路从来都不会有尽头,求学之路同样如此。马克思以其锐利的眼光,在广泛阅读与实践的基础上,深刻洞察了他以前哲学家的思想理论,并融会贯通、吸收前人优秀成果,一步一步建立起自己的思想理论体系——马克思主义。

二、不当金钱奴隶而要做主人

法国作家亚历山大·小仲马创作的长篇小说《茶花女》中有一句名言:金钱是好仆人、坏主人。人们是当金钱的奴隶,还是做金钱的主人,反映了两种不同的金钱观。

金钱作为一种物质财富,我们先给它来一次 CT 扫描,认清其"庐山真面目",看清其历史作用。

从本质上看,金钱是人类创造的,也是为人类服务的,人们是金钱的主人而不是奴隶。波兰物理学家、诺贝尔奖获得者居里夫人,就是金钱的真正主人。她不仅发现了钋、镭两种化学元素,而且甘愿放弃"镭专利"的巨额金钱,毅然将炼镭的技术公布于世,还把自己几乎全部奖金捐给科研事业和战争中的法国。无独有偶,我国著名数学家华罗庚

---

① 《马克思恩格斯全集》第33卷,人民出版社1972年版,第434页。

也视金钱如粪土。1950年,他拒绝美国伊利诺伊大学终身教授的重金聘约,携全家越过太平洋的惊涛骇浪,积极投身祖国的建设事业。

然而,在建立和完善社会主义市场经济的过程中,有的国人却经不住金钱和物质的诱惑,肆意颠覆过去为人们所推崇的金钱观。比如,有人把"宁愿坐在宝马车里哭,也不要坐在自行车上笑"作为择偶标准。我们可以想象一下,在物质普遍匮乏的年代,大姑娘坐在小伙子的自行车上有说有笑,那是一幅多么惬意与幸福的画图。可在物质丰富的时代,钞票悄悄蒙上一些人的眼睛,他们争着抢着做金钱的奴隶。

从实质上看,人们依靠自己的劳动创造财富,获取个人财产,金钱是光荣的;而那种用剥削、掠夺、欺诈的手段不劳而获,则是可耻的。俗话说:君子爱财,取之有道。人们通过合法合理渠道和办法赚钱,提高个人和家庭收入,是党和国家提倡和鼓励的,也是不断满足人民日益增长的美好生活需要的题中之义。同时要看到,人的生活绝不是拥有高档的物品就一切美满了,因为幸福的生活除了物质享受之外,精神上的愉快是必不可少的,甚至更为重要和尤显珍贵。

"打断骨头连着筋,扒了皮肉还有心,只要还有一口气,爬也要爬到延安城……"这是20世纪三四十年代,一批批热血青年为寻求救国救民真理,甘愿放弃城市的优裕生活,宁愿到延安去睡土炕、吃小米的日记"写真"。

人上一百,形形色色。在日常生活中,也不乏这样一类人。他们把金钱看成衡量人生价值大小的唯一标准,如找工作不是看前途而是图钱。从近些年党中央反腐败通报的情况看,一些党员干部之所以走上犯罪的道路,与其不惜出卖自己的灵魂和信仰,与不择手段捞起金钱不无关系。

从功用上看,金钱在促进商品交换的过程中起到了重要作用,但金钱并非万能的,世界上还有比金钱更重要、更宝贵的东西。解放初期,为建设新中国,钱学森等一大批侨居海外的科学家,舍弃洋房、汽车,回国住集体宿舍,骑自行车。他们的薪金少了,物质生活水平降低了,但其精神上是愉悦的,感到更幸福。

显而易见,金钱与幸福之间并不能画等号。一个人即便有很多钱,但他的精神世界如果是空虚的,或者生活并不自由,那么就决不会有幸福,有时甚至是痛苦的。《红楼梦》里的贾宝玉生长在一个门第显赫、极为富贵的封建官僚家庭里,过着饭来张口、衣来伸手的奢侈生活,按理说他是很幸福的,但事实并非如此。贾宝玉为封建礼教所禁锢,没有自由,他并不幸福。

中国小说里的主人公这样,国外历史中的大人物,有过之而无不及。罗马帝国第五位皇帝尼禄可以说是"富甲天下",可他的富有、尊贵,只使其兽性大发,弑母戮师,荒唐至火烧罗马城,最终众叛亲离,被迫自尽。

透过金钱的魔力,揭开它那神秘的面纱,就会发现金钱不过是一种商品而已,如果丧失了交换商品的能力,那么纸币只不过是一些废纸,金属币也不过是一堆破铜烂铁。对金钱要有一种正确的认识,既不能像晋朝的清谈家王衍那样把其蔑称为"阿堵物",连碰也不愿碰,更不能为金钱而疯狂,用不正当手段去获取。

对待和使用金钱,必须坚持取之有道、用之有度的原则。应当树立什么样的金钱观呢?马克思对于金钱有着独特的超越视野,让我们一起去他那里找找答案吧!

"物欲横流,方显精神本色",马克思在批判商品拜物教中,表明了自己的金钱观。

马克思生活的时代,是一个资本主义经济日新月异的时代。在马克思看来,资本主义社会的劳动者和资产者都成了资本的雇佣。劳动者被迫受到来自资本的胁迫,为了维持生计,"他们不仅是资产者阶级的奴隶,不仅是资产阶级国家的奴隶,并且他们每日每时都受机器,受监工,首先是受各本厂厂主资产者本人的奴役"[1]。与劳动者相对,资

---

[1] 《马克思恩格斯全集》第4卷,人民出版社1972年版,第473页。

产者虽然在物质上拥有资本，但他们只不过是资本的代言人，他们在某种程度上也不过是资本实现自身的工具。马克思从根本上超越了资本主义制度，在精神上批判这种制度，同时在物质上也不愿与这种制度同流合污。他要与那些只从现实考虑的人划清界限："我嘲笑那些所谓'实际的'人和他们的聪明。如果一个人愿意变成一头牛，那他当然可以不管人类的痛苦，而只顾自己身上的皮。"①

马克思生活的时代，是一个近代工业革命不断取得重大突破的时代。这一时代的显著特征是，实现了人的依赖性到以物的依赖性为基础的人的独立性的转变，但它离消灭自发分工的理想社会，还有很长的一段路要走。

从人的依赖性社会，到物的依赖性社会，再到消灭自发分工的理想社会，乍一看，一些人肯定有点似懂非懂的感觉。我们可以读读标志《资本论》成书的"四大手稿"之一，《1857—1858 年经济学手稿》的片段：

> 人的依赖关系（起初完全是自然发生的），是最初的社会形态，在这种形态下，人的生产能力只是在狭窄的范围内和孤立的地点上发展着。以物的依赖性为基础的人的独立性，是第二大形态，在这种形态下，才形成普遍的社会物质变换，全面的关系，多方面的需求以及全面的能力的体系。建立在个人全面发展和他们共同的社会生产能力成为他们的社会财富这一基础上的自由个性，是第三个阶段。②

社会形态不是有五种吗？怎么又成三种了？其实，根据生产关系的不同性质，马克思、恩格斯把人类历史划分为原始社会、奴隶社会、封建社会、资本主义社会和共产主义社会五种依次更替的社会形态。

---

① 《马克思恩格斯全集》第 31 卷，人民出版社 1972 年版，第 544 页。
② 《马克思恩格斯全集》第 46 卷（上），人民出版社 1972 年版，第 104 页。

布袋小知识

> 马克思根据作为社会主体的人的发展状况,把人类历史划分为人的依赖性社会、物的依赖性社会和个人全面发展的社会,三种依次更替的社会形态。它们分别由自然经济、商品经济、产品经济,历史上存在的三种宏观的经济运行形式所决定。以此为基础,形成自然经济社会、商品经济社会、产品经济社会,历史上依次更替的三种社会形态。

　　从人类价值实现历程看,资本主义社会实现从人对人的依赖到人对物的依赖的转变,有着进步意义。但在以私有制为基础的商品经济中,人与人的社会关系被物与物的关系所掩盖,从而使商品具有一种神秘的属性,似乎它具有决定商品生产者命运的神秘力量。马克思把商品世界的这种神秘性比喻为拜物教,称之为商品拜物教。随着商品货币关系的发展,又从商品拜物教派生出货币拜物教,进而产生资本拜物教。马克思指出:"资产阶级撕破了笼罩在家庭关系上面的温情脉脉的纱幕,把这种关系变成了单纯的金钱关系。"①资本主义社会,各种拜物教使人们视金钱如生命,为让钱财最大化,一切温情脉脉的人间情感和田园诗般的生活都被葬送了。

　　马克思不仅揭示了商品拜物教的来源,而且指明了其消亡的条件。他认为,可以设想有一个自由人联合体,他们用公共的生产资料进行劳动,自觉地把他们许多个人劳动力当作一个社会劳动力来使用。在那里,劳动时间就会起双重作用。一方面,劳动时间的社会的有计划的分配,调节着各种劳动职能同各种需要的适当的比例。另一方面,劳动时间又是计量生产者个人在共同劳动中所占份额的尺度,也是计量生产者个人在共同产品的个人消费部分中所占份额的尺度。在那里,人们

---

　　① 《马克思恩格斯全集》第4卷,人民出版社1972年版,第469页。

同他们的劳动和劳动产品的社会关系,无论在生产上还是在分配上,都是简单明了的。在那样的情况下,人与人的社会关系不再被物与物的关系所掩盖,商品拜物教将最终消亡。

从马克思的认识中可以看出,商品拜物教的消亡,是同生产资料归全社会公有、联合起来的劳动者成为生产的主人、社会生产有计划地发展、劳动产品不再表现为商品等经济条件联系在一起的。人们过去认为,这些条件在社会主义社会就可以具备。然而,社会主义社会的实践表明,这些条件只有在共产主义社会的高级阶段才能充分具备。到那时,商品生产才会完全消亡,商品拜物教才会彻底消失。所以说,"革命尚未成功",我们仍需加倍努力。

"穷且益坚、不坠青云之志",马克思在颠沛流离的人生旅途中,践行自己的金钱观。

作家当然必须挣钱才能生活、写作,但马克思决不会为了挣钱而生活、写作。马克思一生的大部分时间都是穷困潦倒的,很难想象在出现生财之道时,他竟能不为之所动,毅然决然地放弃这些"天赐良机"。1859年2月,马克思在给约瑟夫·魏德迈的信中说:"由于需要抽出许多时间来研究我的政治经济学(下面再详谈),不得不拒绝(虽然很不乐意)人们在伦敦和维也纳向我提出的收入极其可观的建议。但是我必须不惜任何代价走向自己的目标,不允许资产阶级社会把我变成制造金钱的机器。"①这种对待金钱的态度,是与马克思的世界观、人生观和价值观直接关联的。

天下就没有偶然,那不过是化了妆的、戴了面具的必然。马克思的"贫穷",恰是这种"必然"。与其去从事为特定资本家赚钱的工作,他宁愿放弃舒适的物质生活而保持一种精神上的自由。这个在当时看来无法让人理解的举动,只有少数人才能真正体会。

放弃的根本原因在于,马克思有更为重要的事情需要去做——进

---

① 《马克思恩格斯全集》第29卷,人民出版社1972年版,第550—551页。

行资本主义社会的批判。从当今视角来看,这确实是他一生中最重要的事业。这种辛勤劳作,给马克思带来了巨大成果,这就是丰富而深刻的资本主义社会批判理论,而且这一理论硕果正是以其在物质上的极大匮乏为代价的。为实现精神上的完善,马克思宁愿放弃物质财富,"我已经把我的全部财产献给了革命斗争。我对此一点不感到懊悔。相反地,要是我重新开始生命的历程,我仍然会这样做,只是我不再结婚了。"①

"我是世界公民",这是马克思的名言,也是他革命流亡生涯的写照。1843 年 10 月,马克思与妻子燕妮一同踏上流亡的征途来到巴黎。他们住在百合花大街 45 号,一天,几个警察奉命向马克思宣读了驱逐令,他又成了巴黎不受欢迎的人。对于当时的马克思来说,这无异于雪上加霜,并不是法国不欢迎他,而是此时的他正陷入"财政危机"。家里的所有积蓄已全部用作革命经费,家具早已变卖,仅有的一套银质餐具也送进了当铺。妻子燕妮又即将分娩,这一时候被赶走,困难可想而知。

1845 年秋,由于受法国政府的责难,马克思夫妇来到比利时的布鲁塞尔。1847 年初,马克思、恩格斯应邀参加正义者同盟,6 月改组正义者同盟,并更名为共产主义者同盟,在伦敦召开了第一次代表大会。马克思、恩格斯虽然起草了同盟的纲领《共产党宣言》,但由于经济困难,马克思未能出席第一次代表大会。

1848 年 3 月,也就是《共产党宣言》刚出版一个月,反动警察便以从事政治活动的罪名,将马克思和妻子燕妮拘捕、关押起来,随后将马克思驱逐出比利时。在法国临时新政府的邀请下,马克思夫妇回到法国巴黎。是年 4 月,在普鲁士无产者的资助下,马克思、恩格斯一起回到科隆,创办《新莱茵报》。1849 年 5 月,马克思接到普鲁士当局的驱逐令;6 月初,他来到巴黎;8 月,马克思被法国政府驱逐前往英国伦敦。

---

① 《马克思恩格斯全集》第 31 卷,人民出版社 1972 年版,第 521 页。

　　从 1849 年到 1883 年，马克思在伦敦生活和工作 34 年，一直过着穷困不堪的日子。刚开始，马克思一家住在伦敦安德森大街 4 号，每周房租 6 英镑，这简直是不想让他们一家人吃饭了！因拖欠房租，房东叫来警察，收走马克思一家的全部东西，甚至连婴儿的摇篮、女儿的玩具也没留下。无奈之下，马克思一家搬进累斯顿大街的一个旅馆，租金每周 5 英镑，不久他们又被主人赶走。1850 年 5 月，马克思一家搬进迪安大街 45 号。好景不长，又因房租被迫迁至这条街的 28 号，一家七口住在两个狭窄的小房间里。

　　一位中国现代作家说过，天下只有两种人。他作比解释道：好像一串葡萄到手，一种人挑最好的先吃，另一种人把最好的留到最后吃。照例第一种人应该乐观，因为他每吃一颗都是吃剩的葡萄里最好的；第二种人应该悲观，因为他每吃一颗都是吃剩的葡萄里最坏的。不过事实却适得其反，缘故是第二种人还有希望，第一种人只有回忆。这不禁让人想起步入中年的马克思，他全身心地投入《资本论》写作，"贫困"从未抛弃他，日甚一日。马克思一直在与面包房、店主、牛奶铺、菜铺、煤铺、疾病等"敌对的力量"作斗争，经常为揭不开锅发愁。

　　马克思的母亲罕丽·普列斯堡是个贤惠的妇女，整天忙于家务，一生的活动范围几乎完全局限于自己的家庭，丈夫和孩子就是她的全部。因此，马克思称母亲是一个"整个儿地贡献给了爱与忠诚"的人。罕丽·普列斯堡非常疼爱自己的孩子们，但她似乎更关心的是卡尔·马克思的"前途"。即使到了晚年，她还伤心又惋惜地说，如果马克思能够给自己弄到一大笔资本，而不是写出一大部论资本的书，那该有多好啊！可惜的是，直到 1863 年去世，她也没有等来这部于 4 年之后问世的《资本论》第一卷。不过，令马克思及其母亲都没有想到的是，100 多年后，在 2008 年来势汹汹的国际金融危机中，就连西方发达资本主义国家的银行家和经理们也不得不读《资本论》。

　　为了生活、写作，马克思不得不求助于朋友，接受一些朋友的馈赠，经常不得不为了一两个英镑，向他们张口。1867 年，《资本论》第一卷终于出版了。马克思怀着无比兴奋的心情,紧紧地捧住了这部刚刚出版的著作。《资本论》是马克思为工人阶级和进步人类创造的无与伦比的精神财富。恩格斯在谈到这部著作时说:"这需要花费不少的劳动,因为象马克思这样的人,他的每一个字都贵似金玉。"①

然而,《资本论》的作者所得到的稿费,还不够偿付写这部书时吸掉的烟钱。

晚年的马克思一直在生病,除了旧疾肝病复发外,又添加了使他痛苦多年的痈和疖子。在毫无出路的情况下,他的家庭又出现新的危险:从小在物质生活方面无忧无虑的燕妮病倒了。因没有鞋子和衣服穿,女儿们不得不"宅"在家里,当她们的女伴为世界博览会举办而高兴时,她们却担心有人到家里来做客、会出洋相。这个一辈子研究"资本"的人,却注定与"资本"无缘,经常是负债累累、贫困交加。马克思不能给自己心爱的人带来舒适和安逸,而只能看着她们在苦难中挣扎。万般无奈,为了使自己心爱的人摆脱苦难,他甚至说"情愿把灵魂预售给魔鬼"。

马克思的一生,毫不夸张地说,"情谊似海深,苦难多如毛"。然而,他不但从未动摇和放弃过自己的金钱观,而且无私资助革命事业,即使在自己生活极度困难的情况下,仍然尽最大努力帮助革命战友。我们不难看到,写作《资本论》的主人决不当金钱的奴隶,事实雄辩地证明:马克思是金钱的主人。

身边时常有人感叹,做一个马克思主义者很难,其实做一名新时代真正的马克思主义者更难。经过北伐战争、土地革命战争、抗日战争、解放战争,以武装的革命反对武装的反革命,我们推翻了"三座大山",建立起人民当家作主的中华人民共和国,实现了民族独立、人民解放。也就是说,我国社会主义革命早已取得了伟大胜利,政权早已掌握在自己手中,再不存在因坚持马克思主义而杀头、坐牢、流血、牺牲的问题。

---

① 《马克思恩格斯全集》第36卷,人民出版社1972年版,第28页。

但必须看到，激情燃烧岁月有生与死的考验，和平建设时期有顺境与逆境的考验，改革开放新时期有利益关系调整中的金钱考验。全面深化改革、扩大对外开放的新时代考验更大，因为这是原有的社会关系和利益关系的又一次重大调整。

只有回看走过的路、比较别人的路、远眺前行的路，很多问题才能看得深、把得准。站在风云际会的新时代潮头，我们就要树立正确的金钱观，"永葆蓬勃朝气，永远做人民公仆、时代先锋、民族脊梁"。①

树立正确的金钱观，与永远做人民公仆辩证统一。树立起正确的金钱观，在全心全意为人民服务中，才不会为金钱所惑，真正做金钱的主人；坚持表里如一，永远做人民公仆，有助于树牢正确的金钱观，才不会沦为金钱的奴隶。为此，我们有必要弄清什么是公仆、人民公仆？怎样才能永远做人民公仆？

马克思在《法兰西内战》中写道"旧政府权力的合理职能应该从妄图凌驾于社会之上的权力那里夺取过来，交给社会的负责的公仆"，因此能够"防止国家和国家机关由社会公仆变为社会主人"。显然，公仆是巴黎公社对公职人员的定位，是为公众服务的人。公众就是人民，国家的主人；公仆就是干部，专为人民服务的人。

人民的服务员、勤务员，则是人民公仆的日常化表达。之所以叫人民公仆，是进一步明确：干部是人民的仆人，人民是干部的主人，用主仆关系来规范人民与官员的关系。中国共产党没有自己特殊的利益，党在任何时候都把群众利益放在第一位，这是我们党作为马克思主义政党区别于其他政党的显著标志。《中国共产党章程》规定：除了法律和政策规定范围内的个人利益和工作职权以外，所有共产党员都不得谋求任何私利和特权。不谋私利才能谋根本，谋大利。中国共产党人是人民公仆，在任何情况下都必须做金钱的主人，把人民利益放在首位，不谋私利、克己奉公、一心为民，始终同人民想在一起、干在一起，切实

---

① 《习近平谈治国理政》第三卷，外文出版社2020年版，第67页。

解决好人民群众最关心最直接最现实的利益问题,奋力为人民创造更美好、更幸福的生活。

永远做人民公仆,意味着不是一时一事,而是时时处处。毛泽东指出:"只要我们为人民的利益坚持好的,为人民的利益改正错的,我们这个队伍就一定会兴旺起来。"①中国共产党的一切工作始终以人民利益为根本出发点和落脚点,因此能摆脱个人利益的束缚、部门利益和地方利益的局限,以蓬勃朝气、昂扬锐气、浩然正气涵养自我革命的勇气。一代代中国共产党人,树立正确的金钱观,正是从人民根本利益出发,不掩饰缺点、不回避问题、不文过饰非,检视自己,承认并纠正错误,才永葆干事创业的蓬勃朝气,才具有永远做人民公仆、时代先锋、民族脊梁的底气。

三、志同道合的革命友谊比天高

在《史记·汲郑列传》中,司马迁记载了一个这样的故事:有个姓翟的人,起先当廷尉时,宾客来往极盛,把大门都堵塞了,罢官后,则大门外可罗雀。后来,翟公官复原职,宾客们又准备前往巴结,翟公便在门上写了 24 个大字:"一死一生,乃知交情;一贫一富,乃知交态;一贵一贱,交情乃见。"②一番宦海沉浮、一次起落交替,意在告诫人们:势利之交,难以经远;择善而从,才是正道。"天下以市道交,君有势我则从君,君无势则去。"寥寥数语,道尽亲朋好友间"没权闹市无人问、有权深山有远亲"的世态炎凉,也从另一侧面折射出"千金易得、知己难求"的人生百态。

在当今社会,一些人交朋友,脑海里总是会飞速地盘算:这个朋友能不能认识? 那个朋友能不能深交? 认识这个朋友能给自己带来什么

---

① 《毛泽东选集》第三卷,人民出版社 1991 年版,第 1004—1005 页。
② 怀峦:《诐谀者宜惕》,《人民日报》第 2013 年 4 月 8 日第 24 版。

好处？结交那个朋友又能给个人带来什么利益？可是，在马克思的择友观里，人们决不会看到任何的精心计算。马克思择友从来都不是功利的世俗之交，而是真正的朋友之交、精神之交和君子之交，志同道合的革命友谊比天高。

在手机不愿离手、微信传情达意的当下，我们可以设想：如果马克思生活在今天，假设他也玩微信，马克思的"微友圈"会是怎么样的呢？

关于马克思的微信好友，首先会想到谁呢？

一定是恩格斯。

除恩格斯以外，还能不能再多想几个？

卢格、魏德迈、鲍威尔、海涅、李卜克内西。

真可谓"华山论剑、高手云集"。

当然，还有一位风华绝代的女人，被称为"舞台皇后"的燕妮。

不过，顶级的、置顶的星标好友，肯定是恩格斯。

我们不妨看看网友制作的马克思朋友圈的对话，不仅很有意思和意义，还能知道些不为人知的事儿。

先聊聊卢格，德国政论家，青年黑格尔派分子，资产阶级激进民主主义者。在一段时间里，只要马克思一发微信，卢格肯定是第一个点赞的"铁粉"。看到激动的时候，他还会再转发几篇马克思撰写的文章。

马克思从担任《莱茵报》编辑开始，就是一个很革命派的人物，是反对封建普鲁士政府的。作为青年黑格尔派的杰出代表之一，卢格先是创办《哈雷年鉴》，后改名为《德国年鉴》。1843 年《德国年鉴》被查封，卢格邀请马克思一起去法国巴黎创办《德法年鉴》。后来，因与马克思发生思想分歧，《德法年鉴》出版一期就停刊了。

为什么停刊？因为，普鲁士政府从《德法年鉴》的文章中嗅出了社会主义的味道，就开始对马克思施压。这一施压，被吓趴下的是卢格，可不是马克思。卢格赶忙说，《德法年鉴》不能再办了，马克思你赶紧回家吧。给马克思开出的 500 塔勒也没有兑现，最终给的是印刷出来的《德法年鉴》。用书稿来抵扣工资，也真亏卢格想得出来！

逐渐成为黑格尔左派最积极人物的卢格,比其他任何人都更强烈地表现出资产阶级自由主义的倾向。后来,马克思、恩格斯在《共产主义者和卡尔·海因岑》《流亡中的大人物》等文章中批评卢格是庸人和空想家,绝对的不学无术兼绝对的哲学家。

1843年5月,马克思在致卢格的回信中写道:"我亲爱的朋友,您的来信是一支出色的哀曲,一首使人心碎的挽歌,可是它毫无政治内容。"①道不同不相与谋,这封信预示着马克思和卢格的思想开始走向分歧。

人生有失必有得,上帝往往给你关上一扇门,却打开了一扇窗。马克思在一段时间里没有赚到稿费,却赢得更有价值的东西——志同道合的朋友。《德法年鉴》事件之后,马克思的思想越来越成熟,朋友也越来越多。用微信话语说,就是主动加他好友的人越来越多,为马克思点赞的人越来越多。

正是在这个时候,马克思遇到了他的星标好友海涅。

海因里希·海涅,德国著名抒情诗人和散文家,被称为"德国古典文学的最后一位代表"。实际上,海涅比马克思大了整整21岁,两人并非同一个时代的人,应该说是"忘年交"。

1843年,马克思在巴黎结识海涅。这一年,马克思25岁,海涅46岁。一个流亡的革命家与一个流亡的诗人,从此有了交往,建立起亲密的友谊。

海涅每天去马克思家串门,从现有材料看,他们当时的关系非常密切。保罗·拉法格在《回忆卡尔·马克思》一文中说,马克思"熟记海涅及歌德,在谈论中常常加以引用"。

马克思的女儿艾琳娜说过,父亲"是海涅的最大的赞赏者"。马克思一向喜爱和称颂海涅,而海涅称马克思为"革命的哲学家兼伟大的理论家",称他为书生革命博士,表达了自己对青年马克思的崇高敬意。

---

① 《马克思恩格斯全集》第1卷,人民出版社1956年版,第408页。

马克思和海涅有时通宵不眠,一起谈话和修改诗稿。马克思、恩格斯还特意邀请海涅为《新莱茵报》撰稿,而海涅总是满足他们的要求。

对海涅来说,结识青年马克思,是他一生中一个非常重要的事件。在马克思的影响下,海涅的诗歌创作达到人生顶峰。1844 年 6 月,海涅撰写了歌颂无产阶级工人运动的《西里西亚纺织工人之歌》,同年又写成了他最著名的长诗《德国———一个冬天的童话》。这首长诗在思想内容上具有高度的鼓动性和政论性,而在艺术表现上又是以抒情为特色的,因而感染力极强。由于它像广播喇叭一样通告了普鲁士革命的即将到来,所以这首最著名的长诗在普鲁士被禁止发行。

相识相知并不在于天长地久,马克思和海涅相处的时间其实不长。1845 年 1 月,马克思被法国政府驱逐出境。在匆忙动身赴比利时之前,马克思在给海涅的信中深情地写道:在我留在这里的所有的人中间,和海涅离别使我最为难过,我恨不得把你也装在我的行李里带走。海涅当时给其他朋友写信,也曾提到"今天马克思也要走了,我真是愤怒到了极点"。事实上,表达愤怒的绝非海涅一人。在被驱逐前,马克思的朋友圈正在不断扩大,朋友越来越多。

当时,马克思还关注许多微信"公众号",加入了不少群聊。在这些群聊中,有两个引起他特别关注:一个是,当时在巴黎的正义者同盟;另一个是,社会主义者的微信群,也就是巴黎当时各种各样的社会主义运动群体。马克思深深同情工人阶级和劳动人民,对无产阶级饱受剥削和压迫有一种愤怒;但在群聊中,他对劳动人民不再是最简单最朴素的感情,而是逐渐意识到工人阶级无论是在理论上还是在行动中都是一个先进的阶级,一个大有作为的阶级。

除微信"公众号"和群聊之外,马克思还在一些群里面潜水。其中一个比较著名的是历史学家的群。这个群主要研究阶级问题,群里的历史学家也是最早使用阶级分析方法来研究市民社会的学者。所以,这里面有一个很有趣的问题:只要一提到马克思,就说他是搞阶级斗争起家的,但实际上阶级和阶级斗争并不是马克思最早提出来的,而是由一群法国历史学家提出来的。我们从中能够看出,马克思是一个非常热爱学习,也十分善于学习的思想家。当朋友有点比较先进科学的思想养分时,他都会学习借鉴和认真吸收。

在马克思的朋友圈中,除一路陪伴他的妻子燕妮以外,还有一位大家耳熟能详的置顶星标好友——恩格斯。在当时,马克思是一个穷得连家都养不起的"落魄人",恩格斯则是典型的"富二代"。

在这种情形下,马克思和恩格斯是如何相识相知的,又是如何结下深厚革命友谊的?

在阅读的教科书上,曾这样描绘马克思和恩格斯的伟大友情:同志般的伟大友谊。

用列宁的一句话来形容他们之间的友谊,那就是马克思和恩格斯之间的友谊,已然超越了古往今来所有关于友谊的传说。

如果有人觉得用同志这个词来形容马克思、恩格斯的关系有点太常见了,那用俄文的同志来描述吧!回到革命的起源、同志的故乡,这样应该会显得高大上一些。

同志一词的俄文是这么说的,товарищ

是不是看不懂呀,汉语发音是:哒哇力是一。"是一",可要连读哦!

那么,马克思和恩格斯是怎么相识的?

两人初识于 1842 年,彼时马克思 24 岁,恩格斯 22 岁。

恰是风华正茂、粪土当年万户侯的年纪。

那两人一见如故、一见倾心、一见钟情?

此话差矣!

革命的风雨旅程,充满坎坷、挫折和迂回。

志同道合的革命友谊,同样这般。

如同所有武侠小说里所描绘的场景一样,两人也是"不打不相识"。

那时,马克思身无分文、穷困潦倒,标准的"月光族"一枚;而恩格斯,是比马克思早年有过之而无不及的富家子弟。如果马克思只能算中产阶级家庭出身的话,那么恩格斯就是典型的"富二代",其家族祖祖辈辈都是富有的大工业者家庭。在恩格斯曾祖父的那个年代,就开了一个名字听起来很浪漫、名曰"花边厂"的工厂,并且获得了象征着他们家族地位的盾形徽章。到了恩格斯祖父这一辈,纺织工厂规模越做越大。父辈们都希望恩格斯继承家业,成为一代商业传奇。

然而,恩格斯有自己的想法和打算。

早在柏林当兵时,恩格斯就给马克思编辑的《莱茵报》投过稿。有一天,22 岁的恩格斯路过《莱茵报》,还专门进去跟 24 岁的马克思坐了坐,但这次两人都没留下什么好印象。

究其主要原因,马克思有点瞧不上恩格斯。

瞧不上,那可不是一般人想的看不起,更不是仇富、仇官,痛恨"富二代"。

而是思想、立场和"三观"上的原因。

那个时候,恩格斯是属于一个叫作"自由人团体"文艺青年圈子的成员。而马克思有点看不上这个团体,对恩格斯是有偏见的。

脑补一下吧,这个名曰"自由人团体"的圈子,其实就是以前的青年黑格尔派。好玩的是,早年马克思不仅加入过,还一度成为这个团体的意见领袖。后来马克思的思想境界提升了,逐渐从主观唯心主义走向辩证唯物主义,就脱离了这个圈子。而这个圈子没有马克思以后,就慢慢地沉沦下去,走向了极端愤青的地步。

早年,青年黑格尔派玩的是唯心主义学说,个个都是无神论者。讲到这里,有些人可能会问,唯心主义者不是主张有神论吗? 怎么是无神论者?

其实,唯心主义分成主观唯心主义和客观唯心主义。前者是主张无神的,如心外无物、我思故我在、不是风动不是幡动而是仁者心动、形存则神存而形灭则神灭、有条件要上没有条件也要上;后者才是有神论者,如人类一思考上帝就发笑。

有趣的是,无神论者的主观唯心主义,见到有神论者的客观唯心主义,因政见不同、一言不合就会动武。那个恨啊,好像只有上去 KO(击打)一顿,才心境开阔,才能彰显自己哲学观点的无比正确和优越性。

虽然错的,但必须摆出一副理直气壮的正确姿态。所以说,马克思一开始不怎么待见恩格斯,也就不足为奇了。

马克思和恩格斯又是如何走到一起的? 1844 年,他们在一家叫作普罗可甫的咖啡馆里相识并相知。

 木屋小故事

500 年前,法国巴黎有一家非常有名的咖啡馆,叫作普罗可甫咖啡馆。这家咖啡馆从 1686 年开张以来,17、18 世纪的各界名流,几乎都云集在这里喝过咖啡。

普罗可甫咖啡馆的铁杆粉丝拉出来,足以组成绝对的全明星阵容。例如,思想家卢梭、伏尔泰,文学家雨果、巴尔扎克、海明威,军事家拿破仑都跑去秀了一把,可惜去的时候居然没带钱,还把自己的军帽押上,赊账喝了杯咖啡。

咖啡馆的正门一侧橱窗里,摆放着这家店的"镇店之宝"——拿破仑那顶标志性的帽子。

以前,马克思不怎么待见恩格斯,是因为两个人的理论水平不在一个层次上,所以玩不到一块儿。相距这次见面,仅仅短短两年,恩格斯的理论水平突飞猛进,已经大大接近马克思。

实际上,在没有遇到马克思之前,恩格斯在思想萌芽上逐步走向辩证唯物主义和共产主义。这是他们后来英雄所见略同的基础,只不过两人当时没有谈到一起去。

知己难得,知音难觅。这一次,两人一谈就是整整十天,想想那画面有多美,这是多么的志同道合。

事实上,咖啡馆事件只是一个偶然因素。马克思主义认为,历史发展是必然与偶然的奇异结合。马克思和恩格斯相识并相知,必然因素在于两人对历史和社会发展规律的认识趋于一致。他们在思想上基本达成共识,开始着手对黑格尔唯心主义哲学和费尔巴哈人本主义哲学进行全面清算。一年后,两人合作的第一部作品《神圣家族》出炉,批判了青年黑格尔派主观唯心主义,并初步论述了历史唯物主义的思想。又一年后,两人合写《德意志意识形态》,第一次系统地阐述了历史唯物主义的基本原理,如社会存在决定社会意识、生产方式在社会生活中起决定作用、生产关系必须适合生产力的发展等,标志着马克思主义哲学的成熟。

马克思和恩格斯属于慢热型的,一见不合,二见倾心,再见从此难舍难分。这就是:一次冷,终生热;道相同,所以谋;相看两不厌,唯有恩格斯。从此,世界史上有一对最伟大也是最拉风的组合。两人的革命友谊,用传奇这个词就一点不为过了。

读书、看报和上网,我们了解到的大都是恩格斯怎么倾囊相助,去帮助马克思解决经济困难。是不是可以这么形容,恩格斯是潜伏者,潜伏在资本主义社会腐朽企业的内部,披着万恶资本家的狼皮,通过帮父亲工厂打理生意赚取利润,来资助马克思从事革命事业。

在人们的印象中,恩格斯就是马克思追求政治思想道路上的"清道夫"。马克思赊账,恩格斯买单。简直就是,国产谍战片《潜伏》的德国版。实际上，帮助不是单方面的，两人是互帮互助。恩格斯有难，马克思同样买单。有次恩格斯"犯了事"，急急忙忙跑到瑞士去流亡。由于走得太急，盘缠都没带，连吃饭的碎银子都没有了。马克思知晓后，把家里的钱财归拢归拢，一毛不留地给恩格斯寄了过去。毫不吝惜，专门利"恩"。真正的君子之交啊！

恩格斯一向为自己的"资本家"身份而倍感懊恼，但在马克思看来，他与罗伯特·欧文一样，都只不过是"企业主"而已，而且"他们还是全世界上最具良知的、品德极为高尚的企业主，他们根本就不是什么'资本家'——实际上，恩格斯的自责是完全多余的"①。

在这里，有点马克思为恩格斯解脱"资本家"身份的味道。实质上，是两人对资本有着不同的理解。马克思将资本划为围绕"货币资本"形成的"现实资本""虚拟资本"，并通过三者之间的差异关系，揭示了资本主义运动的规律。而恩格斯所理解的资本，主要是"现实资本"的一个组成部分——产业资本。

当然，除了生活，马克思和恩格斯之间互帮互助、相互扶持更重要的是在事业上。在个人特质上，马克思如同一名张扬洒脱的文科男，恩格斯好比一个低调内敛的理科男。马克思文思如泉涌，恩格斯严谨而克制。如同鲍叔牙之于管仲、周恩来之于毛泽东，恩格斯说"我永远都是第二大提琴手"。

思想家的意志在于认识世界、改造世界，起码是改变人类思考世界的既有方式。为此，一种革命性的思想学说并不需要"现有的听众"，而需要培养、打造出自己的听众，因为对于非音乐的耳朵来说，再美好的旋律也是无济于事的。马克思去世时，《资本论》只出版了第一卷，剩下的都是些潦草的笔记和手稿。马克思的笔迹堪比草书，除了燕妮和恩格斯，没人读得懂。

马丁·海德格尔说过，因为任何一种真正的哲学本质上都有这样

---

① 韩毓海：《马克思的事业：从布鲁塞尔到北京》，中信出版社 2017 年版，第 228 页。

一个特征:它必然为同时代人所误解。甚至面对自身,哲学家也必须停止成为他自己的同时代人。一种哲学学说越是重要,越是具有革命性,它就越是首先需要培养那些能够接受它的人,那些能够接受它的人的种类。实际上,最能理解马克思的读者向来都是革命的进步知识分子,一般的工人群众很难读懂马克思那些像砖头一样厚重的著作。

可以说,如果没有马克思这样的阐释者,能够读懂黑格尔《精神现象学》的人恐怕早就不存在了;同样,如果没有恩格斯的通俗阐释,马克思的《资本论》注定不过是些"连老鼠也懒得去批判的东西"。在比马克思多活的12年里,恩格斯用11年时间主要干了一件大事,那就是帮助马克思整理《资本论》的后两卷书稿。更难能可贵的是,在著作的署名上,年过六旬的恩格斯没有留下自己的名字,署上的全是"马克思"。

有人问他为什么这么做? 恩格斯回答说,通过整理马克思的著作,我终于又可以跟我的老朋友在一起了。列宁一语中的地评价道:恩格斯为他天才的朋友树立了一座丰碑,但是无意之间又把自己的名字刻在了丰碑之上。所以说,马克思和恩格斯的感情,真不是一般意义上的友谊可以比拟的。

人生得一知己足矣,斯世当以同怀视之。马克思朴实而又清远的择友观,对于当今党员干部有着莫大的教育警示意义。这一交友观告诫党员干部:要慎用"情",长留"清"。党的十八大以来,中央纪委曝光了多起党员干部为亲友谋利而违法违纪的典型案例,这些案例无不透射着扭曲的"良朋"和"友情",每一桩活生生的教训都时刻警醒着党员干部,"良朋"与"友情"都不容突破法纪,更不容打着朋友之情的幌子将权力滥用。党员干部若被情感所左右,对名为"良朋"实为"狐朋"的不合理要求不拒绝、不制止,视党纪国法如儿戏,必将付出沉重的代价。

古人云:能吏寻常见,公廉第一难。这讲的就是"友情难却"之意。但对于党员干部来说,不徇私情,秉公办事,却是最基本的要求。党员干部要时刻保持清醒头脑,树立正确的择友观,切实做到个人感情与党纪国法分离，国家、集体利益与亲友、个人利益分清，绝不在个人情感、公共利益混淆不清中迷失自我，莫等到落马之后才醒悟追悔。

友情若与公权力含混不清、任意释放，危害是很大的。在现实生活中，一些党员干部将权力与友情混为一谈，将公权力肆意亲情化、友情化，默认亲情、友情绑架公权力，这是十分可怕的。可以想象，如果权力与友情相混淆，终究会逾越公与私的边界，思想中的大防线就会被小情感所腐蚀，时间长了内心的法纪堡垒也会崩塌，"亲友情感大于党纪国法"就浑然不觉地发生了。事实上，一起起贪腐"同学贿"的悲剧，无不直击部分党员干部以公权力为筹码、将亲友之情放纵而为的命门。

在处理情与权的问题上，毛泽东有经典的"三原则"：恋亲不为亲徇私、念旧不为旧谋利、济亲不为亲撑腰。世间最弥足珍贵的无外乎儿女情、夫妻情、手足情，各种情感构筑出完整的情感世界。怎样正确处理这些"情"同"权"的关系，值得每一个人自警、自省和深思。

马克思的择友观，对于当今社会大有教育启示意义。谁有深情厚谊、谁是道貌岸然，人们心中必须有杆秤。万不可三教九流滥交，任由损友近墨者黑。真正的好朋友，没有什么功利，不需要太多走动，甚至无须什么言语；真正的志同道合，一定是纯粹的、高尚的、脱离了低级趣味的，真正为了人民的友谊。

曾国藩说过："一生之成败，皆关乎朋友之贤否，不可不慎也。"①正可谓"君子之交淡如水，小人之交甜如蜜"，高山流水方能深情厚谊。唯有抛开功利，细寻真诚之朋；放下贪念，善结清廉之友；破除私心，勤交贤能之士，才能达到交友的最高境界。正可谓方寸间，历数世上桑田沧海，时空里细问人间暑往寒来，是朋友星移斗转情不改，是知音天涯海角记心怀。

①　刘阳：《谈交友》《人民日报》2011 年 12 月 20 日第 18 版。

156

第六章　如何实现事业和爱情双丰收

幸福的家庭都是相似的,不幸的家庭各有各的不幸。如果一个人事业上成就卓著,但在爱情上暗淡无光,那未免总是一种心灵的缺憾,反之亦然。如何实现事业和爱情双丰收,让家庭幸福又美满?马克思认为事业高于爱情,主张事业为主,不宜过早地恋爱;但也不要认为爱情是事业的绊脚石,处理得好的话,爱情能够对事业起到催化作用。这离不开马克思追求为人类幸福而工作的择业观,离不开获取芳心既要自由又要慎重的爱情观,应高举幸福明灯照亮前行之路。

一、追求为人类幸福而工作的事业

日本作家东野圭吾在《白夜行》中写道：这世上有两样东西不可直视，一是太阳，二是人心。这里的人心，说到底是人内心的想法。每个人觉得自己最自豪的事情，大抵是成为自己小时候所梦想成为的样子。可惜，一般人真的不能理解马克思内心的想法。因为，他的人生从来不按照所谓的"套路"出牌。在择业观上，马克思不仅高人一等，而且始终把为人类幸福而工作的职业当成事业来追求一生。

马克思不是一个"风声雨声读书声、声声入耳，家事国事天下事、事事关心"的人，他所关注的似乎从来只有"天下大事"。早在中学时代，梦想的种子就已埋进马克思的生命里，而这颗种子的名字叫做《青年在选择职业时的考虑》，是他的高中毕业作文。

大家有没有发现，青年马克思在选择职业时就开始考虑"尊严"。他在 17 岁时就起了这么高的一个调，然后一路唱了下来，直至把"高调"唱成了"高尚"。

成功决不能按照世俗标准等价于物质上的富足，而忽略成功内应包括精神的富足和人生价值的实现。在中国传统的富贵观中，身安为富，心安为贵。在个人的成长过程中，我们慢慢就会懂得，当自己的身体在一个地方安顿下来，有了住所，有了爱的人，有了基本的生活条件，就是富足的；当自己能够身正律己，知止静安、安而后虑、虑而后得，克服浮躁，抵御焦虑，不以物喜、不以己悲，不忘初心，就是高贵的。这才是真正的有尊严。

《青年在选择职业时的考虑》对青年选择职业应当遵循的主要指针、重要原则、应有态度和对其一生的影响，以及择业观与幸福观的关系等问题，均作了深刻的分析和阐述，通篇充溢着人类情怀、理想光辉、道德感召力和对人生现实的具体关注。

《卡尔·马克思传》一书的作者——戴维·麦克莱伦，对青年马克思这篇关于职业选择的文章有着很高的评价：此文"表现出了鲜明的个性，充满了理想主义色彩"，通篇"洋溢着要通过一种方式把人的个性完全发展出来的热情，即规避权力和虚荣，用自我牺牲的精神为人类整体服务"。

马克思的择业观在当下到底意味着什么？这是一个十足庞杂且无比奥妙的问题。我们不妨提炼选择、做事、追求三个具有代表性的关键词，来学习领会其价值和意义。

其一，拷问自我，勇敢选择。

不经拷问的人生，是不值得度过的人生。在中国传统社会里，拷问自我是一门"必修课"，如孔子的弟子曾参就有"吾日三省吾身"之说：为人谋而不忠乎？与朋友交而不信乎？传不习乎？可以说，我国历代仁人志士都把拷问自我，作为"修身、齐家、治国、平天下"的基本功。

人生一世，草木一秋。人的一生有长有短，人的财富有多有少，生命质量有高有低，但时间对于每个人都是公平的，为此每个活着的人都会自觉不自觉地"自拷"：个人的理想究竟是什么，是理想主义者还是现实主义者，有没有为理想而不懈奋斗；个人到底适合干什么，是事业的不懈奋斗者还是安于现状的享受者，是财富的创造者还是垃圾的制造者；个人对待爱情的态度如何，是和谐家庭的维护者还是家庭矛盾的制造者；个人对待朋友是否诚实守信，是毫不利己的奉献者还是专门利己的伤害者；个人怎样看待社会公益活动，是否存留爱心、积极参与，还是事不关己、高高挂起；等等。

《中国共产党章程》规定：中国共产党是中国工人阶级的先锋队，同时是中国人民和中华民族的先锋队。为此，中国共产党人必须经常拷问自我，在思想政治上不断进行检视、剖析、反思，不断去杂质、除病毒、防污染，不断加强党性锻炼和自我革命，坚定理想信念，矢志为人民谋幸福，为民族谋复兴，让初心使命永不蒙尘褪色。

拷问自我须力求"问"准、"问"深。党员干部要对照党章党规、对照党中央的要求、对照人民群众的新期待、对照先辈先烈和先进典型进行自问自省,看看自己有没有违背初心的行为,有多少差距和不足。紧密联系个人的思想实际进行自问、自查、自纠,如面对矛盾和问题,是否做到了迎难而上、担当负责? 在各种诱惑面前,是否稳得住心神、守得住底线? 触动思想、触动灵魂,切实把初心唤醒、使命扛牢。

拷问自我须"问"在关键时、关键处。日前,有位德才能绩均优秀的领导干部,正当他在现岗位干得十分起劲的时候,党组织把其平调到了另一单位。有的人就不理解了,说他的仕途是"打摆子"。然而,这位领导干部到了新单位又干得卓有成效。事后,这位领导干部说,我当时也感到意外,通过扪心自问,迅速调整了心态,找准了定位;并反问自己:党和人民给了我什么? 我为党和人民做了什么? 问一问,头脑就清醒了,觉得组织上给予的总是比个人奉献的要多得多。

马克思拷问自我的视野宽广,选择从人与动物的区别入眼、着手。动物的一生就在它应该活动的范围活动,而人应该选择一个最适合自己的位置,使自己的行为变得高尚。所以,人们需要认真的选择自己的职业。而这样的选择,是每个人都不可以逃避的。

马克思认为人有理想有目标,并要自己去寻找可以达到这个目标的手段。人的"这种选择是人比其他创造物远为优越的地方,但同时也是可能毁灭人的一生、破坏他的一切计划并使他陷于不幸的行为。因此,认真地权衡这种选择,无疑是开始走上生活道路而又不愿在最重要的事情上听天由命的青年的首要责任"。[①] 在作出人生抉择时,我们决不能放弃这项作为人的权利和义务,必须勇敢地为自己做出选择。

如何选择个人的职业? 马克思提醒青年去考虑:我们对所选择的职业是不是真的怀有热情? 发自我们内心的声音是不是同意选择这种职业? 我们的热情是不是一种迷误? 我们认为是神的召唤的东西是不是一种自我欺骗? 他认为如果不对热情的来源本身加以探究,我们又怎么能认清这一切呢? 一些看似荣耀的职业虽然会给人们带来虚荣心

---

① 《马克思恩格斯全集》第 1 卷,人民出版社 1995 年版,第 455 页。

的满足,那种满足看似是一种热情和内心的渴望,但这不是那种可能由我们长期从事,始终不会使我们感到厌倦、始终不会使我们情绪低落、始终不会使我们的热情冷却的职业;相反,很快就会使我们觉得,我们的愿望没有得到满足,我们的理想没有实现,我们将怨天尤人。从马克思的择业观可以清楚地看到,青年马克思对所谓"凭运气",过分注重物质利益的择业观的深刻批判和无情揭露。

马克思的择业观对当今的启示在于,我们应当遵循的主要指针是人类的幸福和自身的完美,而不应该认为这两种利益是敌对的、互相冲突的,一种利益必须消灭另一种的。人类的天性本来是这样的,人们只有为同时代人的完美,为他们的幸福而工作,才能使自己也达到完美。

2017 年,中国高校传媒联盟面向全国高校的 1049 名大学生,就"什么影响了大学生择业"进行问卷调查。调查结果显示,84.12%的受访者表示择业时会重点考虑工资福利,67.38%、62.37%、61.52%的受访者分别认为工作环境、个人兴趣、行业前景等因素会影响他们择业,80.11%的受访者表示择业时会关注工作所在地与家乡的距离。一要生存,二要温饱。也就是说,先有生存,后有发展,这是没有问题的。同时要看到,青年是国家的希望、民族的未来,青年兴则国家兴,青年强则国家强。人的一生只有一次青春,没有舍,哪来得? 所以说,舍得!舍得!

现在,青春是用来奋斗的;将来,青春是用来回忆的。人生之路,有坦途也有陡坡,有平川也有险滩,有直道也有弯路。青年只有选择同人民一起奋斗,青春才能亮丽;同人民一起前进,青春才能昂扬;同人民一起梦想,青春才能无悔。

高山仰止,景行行止。无数人生成功的事实充分表明,青年时代,选择吃苦也就选择了收获,选择奉献也就选择了高尚。新时代的青年大有可为,也必将大有作为。这是"长江后浪推前浪"的历史规律,也是"一代更比一代强"的青春责任。广大青年要立志做大事,不要立志做大官,坚持从实际出发,勇于到基层一线和艰苦地方去,把人生的路一步步走稳走实,善于在平凡的岗位上创造不平凡的业绩。

其二,志存高远,踏实做事。

历史承认那些为共同目标劳动因而自己变得高尚的人是伟大人物,经验赞美那些为大多数人带来幸福的人是最幸福的人。马克思志存高远,从一开始就把为人类的幸福而工作看作是最有尊严的职业。如果我们选择了最能为人类福利而劳动的职业,那么,重担就不能把我们压倒,因为这是为大家而献身;那时我们所感到的就不是可怜的、有限的、自私的乐趣,我们的幸福将属于千百万人,我们的事业将默默地、但是永恒发挥作用地存在下去,面对我们的骨灰,高尚的人们将洒下热泪。

青年马克思没有长在红旗下,也没有社会主义国家和共产党,甚至没有老师和家长要求他这么做。为什么马克思能把为人类的幸福而工作看作是最有尊严的职业?因为,经过自己的深刻思考和严密推论,他得出择业的标准是为了人类的福利而劳动,要把解放全人类作为毕生追求,为无产阶级革命事业著书立说、捐赠财产。这就是我们今天所强调的为人民服务。

马克思是一个没有光鲜的职业,却成就伟大事业的男人。揭秘其中的奥妙,就在于注重实践,踏实做事。了解马克思的传奇人生,我们就会发现,他不是一个因社会地位或生活穷困就做其不想做的事的人,感觉他有很多自己的想法和想要做的事。

试想,一个 17 岁的青年却想到职业要有"尊严",概括地说,就是自主选择自己喜欢并富有创造性,还要把个人的成长和社会进步联系在一起的工作。正所谓身安为富,心安为贵。这才是真正的人格高贵,才是真正的有尊严。

正是在踏实做事的理念指引下,马克思在择业过程中真正践行了唯物史观。马克思说:人们并不是像唯心主义所声称的那样"自己创造自己本身",而是在生活和精神上"互相创造着"。

这是一种"唯物主义"的态度:我们看一个人,不是看他学习有多好、颜值有多高、做了多大官、赚了多少钱、是否赢得了生前身后名。马克思说:我们评价一个人,不是从"迄今为止人们总是为自己造出关于自己本身、关于自己是何物或者应当成为何物的种种虚假观念"出发,不是"按照自己关于神、关于标准人等等观念来建立自己的关系"。简而言之,我们评价一个人的唯一正确方法,其实就是看他是否肯做事、是否做了事,以及他究竟做成了什么事。

 木屋小故事

　　1977 年,73 岁的邓小平不无感慨地说:我出来工作,可以有两种态度,一个是做官,一个是做点工作。我想,谁叫你是共产党员呢? 既然当了,就不能做官,不能够有私心杂念,不能够有别的选择。

　　"只有奋斗的人生才称得上幸福的人生",习近平总书记一再强调"空谈误国,实干兴邦",要"撸起袖子加油干"!

　　在一些国人的印象中,西方资本主义国家的青年一旦到了 18 岁大都会离开父母独自生活。据《人民日报》2018 年 5 月 28 日刊发的《澳大利亚"啃老族"急剧增加》一文载:2017 年 10 月进行的调查显示,在 18 岁以上的澳大利亚成年人中,62%仍然和父母住在一起。其中 38%预计将在 25—29 岁搬离,21%预计要到 31 岁才有能力离开父母独立生存。

　　澳大利亚《悉尼先驱晨报》报道说,经济不景气、失业率过高等因素,都是导致这些年轻人不愿离开父母的主要原因。"啃老族"的大量出现,无疑加重了父母的负担,很多家长不得不出钱帮助孩子买房或付租金。越来越多的年轻人成为"啃老族",对澳大利亚的未来而言绝非好消息。

　　其三,牢记初心,追求卓越。

　　古往今来,凡人大都追求功名利禄、光宗耀祖、荣华富贵和美人如玉。有人开玩笑说,生活不能只有眼前的苟且,还要有以后的苟且。这些所谓"追求",虽不无调侃之意且充满自黑精神,但其实说到底大都停留在欲望、肉体和形而下的层面。

青年马克思的追求,早已超越欲望而上升到精神、超越肉体而拔高到灵魂的形而上层面。他拒绝平庸苟世,看重精神生活,注重培养崇高的心灵志向,彰显出自信、豪迈、明快和奔放的个性风采。

终其一生,马克思都在根据时代的发展和环境的变化,不断修正自己过时的或不正确的观点。他对人类社会发展规律的认识及其发展,对资本主义生命力及其向社会主义和平过渡可能性的研究,对东方社会发展道路的探寻,对唯物史观的发展,对未来社会的发展所产生的新认识与新思想,至今依然闪耀着真理的光芒。

> 虚荣心容易使人产生热情或者一种我们觉得是热情的东西;但是,被名利迷住了心窍的人,理性是无法加以约束的,于是他一头栽进那不可抗拒的欲念召唤他去的地方;他的职业已经不再是由他自己选择,而是由偶然机会和假象去决定了。①

在这里,马克思提醒青年选择职业一定不要被虚荣、名利、欲念、幻想等非理性所左右,否则就会"一头栽进那不可抗拒的欲念召唤他去的地方"。这从表面上看是自己选择的,而实际上被偶然性和假象所决定,已成为虚荣、名利、欲念、幻想等的傀儡。

马克思所讲的道理,值得每一位青年警觉和深思。从对当代大学生择业现状的调查发现,近些年高校毕业生在择业问题上仍不同程度地存在着功利化的倾向。这主要表现在,经济待遇、工资福利、奖金报酬和工作环境等,成为择业首先考虑的因素。经济条件好、工资收入高、生活环境和公共服务优越的城市,成为高校毕业生择业的扎堆首

---

① 《马克思恩格斯全集》第1卷,人民出版社1995年版,第456页。

选；而西部地区虽然人才需求量大，由于经济收入、生活便利等原因，有时却难以招到急需人才。正如社会上所说的：绝大多数青年都想去"北（京）、上（海）、广（州）"，不愿上"新（疆）、西（藏）、兰（州）"。

马克思把这些完全被虚荣、名利、欲念、幻想左右的职业选择，称之为"名利迷住了心窍"，实质上已不是自己内心深处的选择了，而是一种被异化了的畸形择业观。新时代的青年在择业时，一定要不忘初心，牢记自己最初的梦想，而不是仅仅盯着表面的"光鲜"，而忽视职业本身的"尊严"。

判断一份职业是否有尊严，青年至少要坚持三条标准：首先，是自己主动选择的；其次，包含创造性劳动而不是简单机械的重复性劳动；再次，要把个人的成长和社会进步联系在一起。

青年的择业观和就业状况，是观察社会经济活力的"晴雨表"。我国某知名人才网站根据 9 万多份有效样本，制作了一份《2017 年大学生求职指南》报告显示："在'95 后'大学生看来，自我成长是比待遇更值得看重的因素。对于理想工作，55.9% 的毕业生选择了'不断学习新东西、获得成长'，居于首位。"[①]找工作不再单纯为了混口饭吃，而能与自身发展兴趣结合起来，变成一种生活方式的选择，其实是每一代人都渴望的理想状态，也是与马克思的择业观相一致的。

"95 后"在吃饱饭之外，更加追求精神的满足，起码在价值观和择业观上是值得鼓励的。但年轻人的自我成长，本身是一个社会化的过程，不能躲进自己的小天地蹉跎岁月。为梦想远航可以，起码要懂得怎么扬帆。成长和梦想，终究离不开踏实做事、追求卓越。人的一生，不仅要有梦想，还要有为了梦想而奋斗的行动。千万不能做思想上的巨人、行动上的矮子，不能眼高手低、言行不一，不能做坐而论道的清谈客，而要做起而行之的行动者，不能当怕见风雨的泥菩萨、要当攻坚克难的奋斗者。

---

① 彭飞：《让年轻人敢于拥抱自己的天地》，《人民日报》2017 年 8 月 8 日第 5 版。

青年的价值观养成十分重要，"这就像穿衣服扣扣子一样，如果第一粒扣子扣错了，剩余的扣子都会扣错。人生的扣子从一开始就要扣好"。① 青年有追求，国家有力量。以过分追求房子、票子等物质生活为标志的成功观和尊严观，显然是被扭曲的择业观的最直接表现。

但不幸的是，当前有的青年在消费主义和拜金主义的影响下，择业观恰恰就是这样被扭曲了。他们的成功观是畸形的、扭曲的，只见物质而不见尊严和精神。扭曲的择业观让青年在现实生活中处处碰壁，怨天尤人。事实上，不仅仅是择业，青年在日常生活中也不要钱字当头、以钱为本，处处攀比炫耀。而须牢记，只有精神上的富有才是真正的富有，精神的快乐才是真正的快乐。

有的青年挚爱城市、酷爱办公楼，有着"宁要城市一张床，不要农村一套房"的想法，其就业观确实存在着一些问题。究其原因，既是深层次的，也是多方面的。从这个角度来看，马克思纯洁朴素又高尚无私的择业观，给青年带来诸多启示。

追求和选择"一种使我们获得最高尊严的职业"。因为，"尊严是最能使人高尚、使他的活动和他的一切努力具有更加崇高品质的东西，是使他无可非议、受到众人钦佩并高出于众人之上的东西"②，马克思把"为人类幸福而工作"作为自己职业选择的出发点和立足点，把职业当成事业来奋斗，为青年诠释了什么是真正的尊严。

追求和选择"一种建立在我们深信其正确的思想上的职业"。当今社会的就业问题越来越复杂，但这不是青年逃避择业、胡乱对付的借口。从社会需要和内心热情出发去选择职业，虽然困难但仍然应当是人们追求的目标。青年要学习马克思对人类的使命感和责任感，对待择业的认真态度和热情。概言之，就是那种对职业的"较真儿"，对自己的"狠劲儿"。

① 《习近平谈治国理政》，外文出版社2014年版，第172页。
② 《马克思恩格斯全集》第1卷，人民出版社1995年版，第458页。

追求和选择"一种能给我们提供最广阔的场所来为人类工作"的职业。马克思说的"最广阔的场所",并不是简单的狭义的空间命题,而是一个历史、人文、时代命题。青年在追求和选择职业过程中,要秉持海纳百川、有容乃大的胸怀,拥有大视野大格局,树立"天、地、人"大境界,兼纳人类情怀、时代潮流和历史必然,选择那些经得起历史和实践检验的职业。

追求和选择"使我们自己不断接近共同目标即臻于完美境界的职业"。马克思所说的"共同目标",是"使人类和他自己趋于高尚"。青年追求和选择的职业,应该是能够不断接近这个共同目标的职业。而这个共同目标具有双重维度的高尚,既使人类趋于高尚,也使自己趋于高尚。如果从这一人生境界的高度来追求和选择职业,一定会使自己摆脱诸多世俗名利的困扰,真正实现人生由自然境界、功利境界,向道德境界、天地境界的飞跃。

马克思虽然没有伟大的职业,但用他的伟大思想启迪了世人思想,为世人认知未来提供了思想武器。他从未放弃过自己的梦想,并为之奋斗一生。他的一生穷困潦倒,看似根本没有什么"富足"的生活,但在精神生活上绝对是无价的。马克思17岁时说出"为人类幸福而工作"的职业梦想,而且做到终身为之奋斗,他的所作所为值得我们每个人去敬仰和膜拜。

虽然时代已经变迁,但马克思提出的择业观却很有远瞻性,对新时代的青年有着很大的影响力。广大青年只有从追求"人类的幸福和我们自身的完美"的境界来选择和谋划职业,才能获得一个有意义的人生、有价值的人生,获得一个幸福的人生、一个高尚的人生。

二、高举幸福明灯照亮前行之路

费尔巴哈说过:人的任何一种追求也都是对幸福的追求。古往今来,人们站在不同的立场,以不同的方式,对幸福作出不同的诠释,产生了形形色色的幸福观。中国人的幸福观源远流长,早在先秦时期,《尚书》就提出了寿、富、康宁、攸好德(修行美德)、考终命(长寿善终)的所谓"五福"幸福观。后来,古老的"五福"发展成寓意吉祥的新"五福"——福、禄、寿、喜、财。这反映了中华民族对美好生活的企盼。

马克思毕生追求的事业,是为了实现人类的解放和幸福。马克思的幸福观具有关照全人类的视野和解放全人类的胸怀,我们应当以这一幸福观为明灯,照亮自己前行之路。

马克思虽然没有对幸福观进行系统完整的论述,但其作品中无处不体现他对幸福的看法和观点,成为人们追求幸福的重要导航和价值标杆。马克思的幸福观,既不是从天上掉下的,也不是凭空杜撰的,而是对前人幸福追求的反思和超越。例如,康德的德性幸福观、费尔巴哈的感性幸福观,都是马克思幸福观的理论来源。

 布袋小知识

康德的德性幸福观,是在批判快乐主义幸福观的基础上建立的。他提出"至善论",认为在至善概念中只有德行才能居于最高地位,在一定条件下,德行也必然产生幸福,进而实现至善这个完善境界。

费尔巴哈的感性幸福观,以感性为基础,建立起庞大的幸福思想体系,包括追求幸福是人的本性、幸福是道德的基础和源泉等观点。他公开对宗教神学进行批判,否认来世的、天国的生活,提出人们要关注现实的社会生活幸福。

马克思的幸福观认为,人类的需求是追求幸福的动力,劳动是追求幸福的途径,人的自由全面发展是幸福的保障。在中国,马克思的幸福观是同中国具体实际相结合的,摒弃了以往思想家抽象地把幸福简单归结为享受的片面看法,认为实现幸福必须从现实的个人及其物质生活条件和实践出发。

实践和人的现实生活是幸福的物质前提。马克思说，"全部社会生活在本质上是实践的"。① 对幸福的追求是人的本性，是在实践活动中展开和实现的。实践是人独特的生存活动，是人特有的超越自我、追求幸福的活动。人的现实生活世界，是由人的实践生成的；而实践活动，是人最基本的创造性活动。它通过人和自然的统一表现出来，而且正是在这种统一中，体现着实践的价值性，体现着人类对幸福的追求。

现实生活是幸福的根基。马克思认为，幸福应当建立在一定的物质条件基础之上，离开物质条件，幸福将成为无源之水，无本之木。马克思所谓的生活世界，是以实践或对象化活动为基础的。他所理解的现实生活世界，就是人类所生活的现实社会和一切交往活动。马克思把现实生活世界作为人类幸福的真实根基，在其中建立起来的幸福观，既克服了在自然世界中把幸福看成是单纯的肉体感官享受，又克服了在理性主义和宗教神学中，人类幸福受绝对精神和上帝支配的命运。

需求与欲望是追求幸福的内在动力。马克思的幸福观充分肯定需求和欲望的满足对实现幸福的必要性，并把它看作是追求幸福的内在动力。事实上，在现实生活中，幸福与需求、欲望的满足是密不可分的。可以说，没有欲望和需求的满足与实现，就不会有人生的幸福。当然，物质需求和欲望的满足，仅仅是人们获取人生幸福的第一步。

更要看到，马克思在肯定物质幸福的同时，进一步强调精神幸福的重要性。他多次谈到精神需求的内容，如对科学的向往、对知识的渴望，对学说、交往、联合、叙谈、真情的需要，为自身利益进行宣传鼓动，订阅报纸，听课，教育子女，发展爱好等的需要。诚然，从物质需求的满足中获取愉悦感是人与动物的共性，精神幸福却只能为人类所独享。由物质需求而带来的幸福是短暂的、初级的，由精神追求的满足而带来的幸福则是持久的、深刻的。由此不难看出，马克思的幸福观是强调物质幸福与精神幸福之间的辩证统一关系。

---

① 《马克思恩格斯选集》第 1 卷，人民出版社 2012 年版，第 135 页。

劳动是追求幸福的途径和源泉所在。幸福不是虚无的存在,而是通过劳动实践活动创造出来的。马克思强调:"任何一个民族,如果停止劳动,不用说一年,就是几个星期,也要灭亡,这是每一个小孩都知道的。"①正是在劳动的过程中,人才证明自己的本质力量,才认识到自己存在的价值,才真正地证明自己是类存在物。正是在劳动和享受自己劳动成果的过程中,人才会感觉到自己是幸福的。

诚然,并非任何条件下的劳动都能创造幸福。马克思批判了资本主义条件下的劳动异化现象,认为在资本主义社会中,劳动者与他们所生产的产品之间存在着异化:工人生产的财富愈多,其产品的力量和数量就愈大,他就愈穷;劳动活动的本身存在着异化:工人在自己的劳动过程中不是肯定自己,而是否定自己,不是感到幸福,而是感到不幸;人与自己类本质的异化:人的劳动被贬低为维持个人的动物生存的手段。最后,这三个方面又导致人与人之间关系的异化。可见,人类社会的历史不仅是一部劳动发展的历史,而且是一部人类不断追求自身幸福的历史。

道德是实现幸福的重要条件。马克思将人类把握世界的方式分为:科学、艺术、宗教、实践精神。道德以实践精神来把握世界,它以善恶评价为主要手段,以应当与不应当为尺度,告诉人们什么样的人生最理想,什么样的品质最高尚,应该如何完善人格和提升人生境界,从而让人生更充实、更圆满、更有意义、更有价值。

道德作为实践精神,具有鲜明的理想性,体现着主体对"应当"的追求,对实现幸福具有重要作用。道德立足于现实,展示完美的理想人格,激励人们为此而努力奋斗。它褒扬真善美、贬抑假恶丑,激发人们道德上的认同感、成就感和尊严感,促使人们知善从善、见贤思齐、见不贤而自省,从而不断自我完善。道德反映社会生活的应然状态,体现人对自身完整性的追求,是人生幸福的必要条件。高尚的道德给人以深

---

① 《马克思恩格斯全集》第32卷,人民出版社1972年版,第541页。

刻而持久的满足，本身也是一种幸福。因此，追求幸福应当与完善道德结合起来，以高尚的道德实现幸福人生。

人类自由全面发展是幸福的终极价值目标。马克思的幸福观不仅强调人的物质需要的满足，强调个人的正当物质利益；而且把个人的幸福与集体的、社会的幸福紧密地连在一起，所倡导的个人"最大幸福是为大多数人带来幸福"。马克思指出，如果一个人只从利己主义的原则出发，仅仅考虑如何满足个人的欲望，那他有可能成为出色的诗人、聪明的学者、显赫一时的哲学家，但他绝不可能成为伟大的人物，也不可能获得真正的幸福。在某种程度上，马克思是用自己无私奉献的一生，向人们诠释其对幸福的理解、向往与追求，他的幸福观的终极价值指向就是人类的自由全面发展。

人的自由发展，是指人在作为社会发展中的独立主体，能自由发挥自身能力并且不受阻碍地进行创造性活动；人的全面发展，是指人在各方面的充分协调发展，包括每一个社会成员的本质、社会关系、社会特性等方面。自由发展与全面发展互相结合，通过自由全面的发展，人享有了追求幸福、享受幸福的权利，正如恩格斯在《共产主义信条草案》中所提出的："使社会的每一个成员都能完全自由地发展和发挥他的全部才能和力量，并且不会因此而危及这个社会的基本条件。"[①]共产主义社会是人自由全面发展的理想状态，在该状态中进行自由全面发展为最终幸福的实现提供了保障。而在共产主义社会里，任何人都没有特定的活动范围，每个人都可以在任何部门内发展，社会调节着整个生产，因而使我有可能随我自己的心愿今天干这事，明天干那事，上午打猎，下午捕鱼，傍晚从事畜牧，晚饭后从事批判，但并不因此就使我成为一个猎人、渔夫、牧人或批判者。如斯生活，岂不乐哉？

高举幸福明灯照亮前行之路，需要了解和掌握马克思的幸福观，其具有物质幸福与精神幸福相统一、个人幸福与社会幸福相统一、当下幸

---

① 《马克思恩格斯全集》第42卷，人民出版社1972年版，第373页。

福与未来幸福相统一的显著特征。

物质幸福与精神幸福的统一。幸福建立在一定的物质基础之上，又与精神存在、精神生产、精神满足密切关联。物质生活与精神生活，是人类社会生活的两大形式。马克思认为，真正的幸福是物质幸福与精神幸福的有机结合。首先，抛开生存条件谈幸福是不现实的。很难想象一个衣不蔽体、食不果腹，终日处于死亡威胁中的人会感到幸福。其次，物质需求的满足程度，影响精神需求的满足。正如马克思所说的："忧心忡忡的穷人甚至对最美丽的景色都没有什么感觉"。① 再次，物质需求的尽可能满足，是实现幸福的重要条件。不能说物质条件优越就一定幸福，物质条件不优越就一定不幸福。当然，不是说单一的物质需求得到最大满足就是幸福的。马克思基本认同马斯洛的需要层次理论，认为人的物质需求的满足是基础和前提；但在物质条件和物质需求得到一定程度满足时，精神需求就更为强烈，而且具备更高的实现程度和持久性。

马克思既肯定物质幸福，又强调精神幸福。人通过物质需求的满足获得物质上的幸福感，社会因此得到劳动创造和生产发展不断地向前进步。然而，人的幸福不仅源于物质上的满足，还来自精神上的满足，包括精神文化成果和创造该成果过程中所体现出来的价值与意义。物质幸福具有时效性而精神幸福具有纵向深远的特点，物质需求较为注重当前即时的幸福而精神上的幸福却能持续很久，对人类社会、子孙后代的发展具有其独特的能动作用。

物质幸福与精神幸福是统一不可分割的，物质幸福是前提和基础，只有在物质基础上才能进行精神活动的创造与追求；精神幸福不可脱离物质幸福而单独存在，否则会转向唯心主义，脱离物质的精神创造是虚无并站不住脚的。一个物质生活富裕而精神生活匮乏的人是不幸福的，反之，一个精神生活富足而物质生活贫困的人也是不幸福的。在追

---

① 《马克思恩格斯全集》第 42 卷，人民出版社 1972 年版，第 126 页。

求幸福时,我们要注重二者统一,不可单纯追求物质幸福,也不可离开物质获取精神幸福,在创造和享受物质幸福的基础上,要充实精神生活,体现其价值意义。

个人幸福与社会幸福的统一。在幸福观的建构上,马克思非常强调个人与社会的统一性关系,认为个人幸福与社会幸福相互统一、相辅相成。以往的思想家往往看不到人的社会性,把人仅仅看作个体,甚至把社会当作抽象的东西同个人对立起来。这不仅不利于个人幸福的实现,也不利于社会的发展进步。

马克思强调,幸福是个人幸福与社会幸福的统一。任何人在追求幸福的过程中,都必然要与他人和社会发生联系。即便是最孤立的个人活动,也不能脱离社会关系,不能脱离为其创造条件的社会文化背景。对此,马克思作了说明:"个人是社会存在物。因此,他的生命表现,即使不采取共同的、同其他人一起完成的生命表现这种直接形式,也是社会生活的表现和确证。"①伴随人类社会分工的发展和分工越来越精细,生产社会化程度越来越高,个人幸福的实现越来越依赖于社会的进步和共同体的发展。马克思认为,个人幸福不仅只有在社会中才能实现,而且只有为社会谋求幸福,才是最高意义的幸福。个人需求、目标的满足与实现,只是一般意义上的幸福;为整个社会、整个人类谋求幸福,才是幸福的最高境界,才是无产阶级的幸福,才是共产党人的幸福。

每个人是社会的独立主体,社会由每个独立主体组成,个人的发展依赖于社会发展,而社会发展又需要每个社会成员的合力来推动。个人与社会是统一的,个人幸福与社会幸福也是统一的。马克思从来都没有把个体的人孤立于社会而抽象地谈论人的幸福,个体的幸福与全体的幸福是相依相济的。他认为,个人须以社会集体为存在对象,只有在集体中才可能有个人幸福。个人幸福须以社会幸福为大环境和基

---

① 《马克思恩格斯全集》第42卷,人民出版社1972年版,第122—123页。

础,不能脱离社会这个大环境去创造幸福,社会幸福为个人幸福提供保障;而个人幸福的集合则促成社会幸福,社会幸福离不开所有社会成员的劳动和创造,个人幸福与社会幸福相一致时才能体现双赢的幸福。

当下幸福与未来幸福的统一。当下幸福是指为满足当下需求,通过劳动实践进行生产生活所获得的幸福,它包括物质生活的满足与精神生活的享受。有人认为,只有当下最重要,只需满足当下、享受当下,更有甚者不惜牺牲未来,这种做法与竭泽而渔无异。未来幸福关系子孙后代的幸福,关系人类社会的长远发展与历史走向,为人类未来发展提供更多的可能性。如果只是为了追求当下幸福而不顾未来发展,留给子孙后代的只能是不幸。因此,当下幸福与未来幸福理应是统一不可分割的,为当下幸福奋斗的同时更要高瞻远瞩,做好未来幸福的规划;追求未来幸福的过程中要夯实基础,脚踏实地。

在马克思之前,人们对幸福的追求曾经存在着一些错误的倾向。其一,割裂个人幸福与集体幸福之间的联系,过分强调其中的一方,忽视甚至否定另一方。例如,以亚里士多德为代表的理性主义幸福观、以伊壁鸠鲁为代表的感性主义幸福观、西方的宗教幸福观等,都片面地把追求个人的幸福作为出发点;而柏拉图的"理想国"、莫尔的"乌托邦"、傅立叶的"和谐制度"等,实质上都在强调把集体幸福作为自己的价值目标。其二,把物质生活和精神生活绝对对立或者割裂开来,产生禁欲主义和享乐主义两种极端的幸福观。在宗教神学观念的影响下,禁欲主义者把人们的物质欲望当作邪念,把人类肉体的需求视为邪恶加以压抑和禁止,而把精神的满足简单地看作是真正的幸福。享乐主义者则矫枉过正,他们在让幸福从天国回到人间的过程中,片面地强调个人的物质享受,而忽视甚至排斥健康的精神生活,把感官的满足和尘世的快乐作为幸福加以追求。伊壁鸠鲁指出:我们的一切取舍都从快乐出发,最终目的乃是得到快乐。费尔巴哈更是认为一切人甚至一切生物,都把追求快乐和幸福作为其终极目的。其三,离开社会经济关系和阶级利益,抽象地、片面地去谈论人们的幸福目的和愿望。这实际上是撇开人的社会性和人的发展去理解人的本性,在把人仅仅当作个体存在物的情况下,把人的幸福错误地理解为个人生活的快乐。

一种观念的价值不仅在于能在多大程度上解释现实,更重要的是对现实社会的指导意义。坚持以马克思的幸福观为指引,高举幸福明灯照亮前行之路,需要立志在奉献与服务他人和社会的快乐中,不断提升个人的幸福。

马克思的幸福观虽然尊重和保护个人的正当利益,即承认个人索取的合理性,但其是以奉献和服务于人类社会为最高目标的。马克思说:能使大多数人幸福的人,他自己本身也是幸福的。恩格斯曾从反面指出:"当一个人专为自己打算的时候,他追求幸福的欲望只有在非常罕见的情况下才能得到满足,而且决不是对己对人都有利。"①

随着全面深化改革、扩大对外开放的深入推进,我国人民的生活水平有了显著提高。但受西方个人主义、拜金主义、享乐主义等不良思潮的影响,少数人的价值取向不同程度地发生了变化。有的一味地强调索取,片面地追求个人利益。不可否认,奉献和索取之间是一种辩证统一的关系,在人类社会和人类自身的发展中不可或缺。其中,索取是奉献的物质保证,没有索取就无所谓奉献;奉献是索取的物质基础,没有奉献就没有人类社会的前进与发展。在全面建设社会主义现代化强国的进程中,人们需要在满足个人正常需求的前提下,大力发扬奉献精神,以人类的自由全面发展为最高价值目标,在奉献与服务于人类社会的快乐中进一步升华自身幸福。

当代中国人越来越认同将个人的幸福与高尚的人格、美好的家庭、和谐的社会和优美的自然环境紧密联系起来。高尚的人格是幸福的主观条件,它不只是传统意义上的仁义道德,而是优良品格、丰富知识、卓越能力等要素构成的有机整体。美好的家庭、和谐的社会、优美的自然环境是幸福的客观条件,它们也都被赋予了现代意蕴。今天,过上幸福

---

① 《马克思恩格斯全集》第21卷,人民出版社1972年版,第331页。

生活不仅需要国家富强、民族振兴，还需要构建共建共享、合作共赢的人类命运共同体。这些新内涵勾勒出当代中国人幸福观的轮廓，但要构建系统完整的幸福观，仍需要在理论研究上下真功夫、见实效。

坚持以马克思的幸福观为指引，构建当代中国人的幸福观，要以让人民过上幸福生活为根本旨归。人民幸福离不开国家富强和民族振兴，这是人民幸福的物质基础和社会条件。如果国家贫弱、民族衰微，人民幸福就无从谈起。让人民过上幸福生活，需要满足人民长期性、普遍性的要求。全面建成富强民主文明和谐美丽的社会主义现代化强国，归根结底，就是要让全国人民普遍过上长久幸福的生活。从这个意义上说，当代中国人的幸福观就是以人民为中心、以践行社会主义核心价值观为价值追求、以国家富强和民族振兴为保障的幸福观。

同时要看到，中国传统幸福观是构建当代中国人幸福观的深厚文化基础。例如，国泰民安、家和邻睦等对幸福生活的认知，对于当下人们认识什么是幸福都具有重要作用，对于治疗及时行乐、贪得无厌、无所敬畏等现代社会"流行病"也是一剂良药。但要看到，传统文化中的幸福观，是在小农经济、宗法社会和君主专制条件下形成的，其产生在社会成员普遍清贫困苦、物质资料匮乏的年代，深受政治压迫、经济剥削、战乱频仍等社会消极因素的影响。这就导致传统社会奉行的幸福观不可避免地存在着很大局限性，对幸福的理解也比较狭隘，并且不重视个人的自由、权利和个性发展。构建当代中国人的幸福观，应当在继承和弘扬优秀传统幸福观的同时，对其进行创造性转化和创新性发展，使其成为民族特色和时代特征兼具的现代幸福观。

高举幸福明灯照亮前行之路，这条路不仅是个人的前行之路，更是一条属于全人类的光明之路。坚持以马克思的幸福观为指引，构建当代中国人的幸福观，还需要反映和回应人类的共同价值追求。和平、发展、公平、正义、民主、自由，是全人类的共同价值。随着经济全球化深入发展，世界各国间相互联系、相互依存的程度空前加深，越来越成为你中有我、我中有你的命运共同体。当代中国人的幸福生活需要持久和平、普遍安全、共同繁荣、开放包容、清洁美丽的世界环境,这也是全人类走向幸福生活的共同目标追求。"大道之行也,天下为公"是中国人自古以来的追求,协和万邦、和而不同、泛爱众、兼相爱等理念在中国代代相传。在构建当代中国人幸福观的过程中,应当主动顺应经济全球化大潮,积极推进人类命运共同体建设,将人类共同价值深深植入我们的幸福观中,让当代中国人的幸福观既具中国特性,又有世界共性。

三、获取芳心既要自由又要慎重

1774 年,德国著名作家歌德在《少年维特之烦恼》中写道:青年男子哪个不善钟情? 妙龄女子哪个不善怀春? 这是人性中的至洁至纯。在宋代,素有"千古第一才女"之称的李清照,在一首《浣溪沙·闺情》的词中,就表达出这一情愫。

> 绣面芙蓉一笑开,斜飞宝鸭衬香腮。眼波才动被人猜。
> 一面风情深有韵,半笺娇恨寄幽怀。月移花影约重来。

"月移花影约重来"的感慨,是借用唐代《西厢记》中的典故。当年,崔莺莺对爱人张生写了一纸情诗"明月三五夜,迎风户半开。隔墙花影动,疑是玉人来",那聪明的张生果然半夜前来赴约!

因此,有谁敢说,红尘颠簸二十年,不曾有一个人的一颦一簇牵动你的点滴心情;有谁敢说,爱情的惊悸不曾在你的心中闪动;有谁敢说,在你走进青春岁月时不曾幻想拥有一份轰轰烈烈的爱情? 山无棱,天地合,才敢与君绝,是人们心中爱情最忠贞的样子;红尘作伴,潇潇洒洒,共享人世繁华,是爱情最浪漫的样子。那么,青年男女真的懂得爱情吗? 应当如何正确追求爱情、获取芳心呢?

马克思的爱情观给出了明确答案,追求爱情既要自由又要慎重。在马克思的心灵深处,始终凝集着对妻子燕妮的挚爱。燕妮既是他的亲密伴侣，又是其忠实战友。在数十年相濡以沫、琴瑟和谐、并肩战斗的历程中，夫妻两人共同谱写了一曲感天动地的理想与爱情之歌。

在马克思看来，爱情是人类所特有的、基于生理需要的异性间相互吸引的情感，具有自主性和社会性。爱情的前提是男女平等和互敬互爱，既包含恋爱自由，也包括结婚和离婚自由。青年在追求美好爱情生活的过程中，有必要从马克思的爱情观中汲取教益。

男女间的单纯友谊交往不是爱情，"亲爱的"也不是爱情。爱情通常是情与欲的对照，由情爱和性爱组成。情爱是爱情的灵魂，性爱是爱情的能量；情爱是性爱的先决条件，性爱是情爱的动力。只有这样，才能达到至高无上的爱情境界。而要达到至高无上的爱情境界，先得弄清在恋爱、婚姻中经常出现的几种错误爱情观。

把身体的吸引当作爱情，可不是真正的爱情。因一个人的外表而产生的欣赏、欲望和激情都不是真爱，喜欢一个人的长相或被某个人的身体所吸引，并不意味着爱这个人。所有这些感受，都不过是私欲的产物。当男女之间的爱，只是基于肉体的吸引时，就会出现很大的问题，因为相貌、身材会随着时间或体重增加而发生重大变化。

把强烈的需求感当作爱情，可不是真正的爱情。对一些青年来说，一种强烈的需求感会让自己被另一方吸引。这样的青年觉得倘若生活中缺少这种关系就不行，两个人一想起哪天会失去这份情就痛不欲生。在这种情况下，他们是期待从爱人身上得到自己急切想要得到的东西，这种需求感里更多的是自私而不是真爱。

把自己得益当作爱情，可不是真正的爱情。有的青年或许没有强烈的个人需要，但认为自己坠入爱河是因为从对方身上能得到很大的好处。当他们说"我爱你"时，真正的意思是"我喜欢你为我所做的一切"。如果这样的青年从来没有认识到真正的爱，他们或许一生都不会意识到自己的自私。

把甜言蜜语当作爱情，可不是真正的爱情。一些青年是说情话的"专家"，但从不付出爱的行动。他们觉得说出爱才是关键，说"我爱你"的时候毫不迟疑,说过之后却不断地做出满足自己的私欲、毫不体贴别人的选择,其言行经常是不一的,这绝不是真正的爱情。

马克思的爱情观是基于人类社会的、具备性爱因素的情感,是真正的爱情。人作为高级动物,也有许多自然的生理需要。性欲就是人的一种自然本能,是人对性行为的要求。但性欲和性行为都不是人类所特有的,因此不能从性欲的层面上去界定和认识爱情。爱情的发展导致男女双方婚姻关系的缔结,也让两性间的性欲得到正常满足。不过,爱情的结果不能仅仅归结为性欲的满足。

马克思反对资产阶级伦理学家把爱情归结为性欲的错误观点,认为体态的美丽、亲密的交往、融洽的志趣等,虽然会引起异性间的性欲,但这同爱情不是一回事,与现代社会人的性爱也有很大的差别。在他看来,爱情远远不能等同于本能的性的引诱。性欲的满足是男女健康的身体和精神发达的要素,但爱情所指向的性爱必须以两性的正当结合为基础。换句话说,基于爱情的性爱是正当合理的,而不能简单将性爱等于爱情。爱情不仅包括基于自然属性的性爱,而且包括基于社会属性的其他内容,社会属性制约和净化着自然属性,使之发展成为理性的人类感情。

爱情是一种非常高尚的道德情感。马克思的爱情经历,向人们证明了真正的爱情是一种异性间相互吸引的、高尚的情感。他和妻子燕妮青梅竹马,两小无猜,在马克思进入大学后的一个暑假,两位志同道合的青年互吐情思,回校后,马克思堕入情网。但他没有像有的青年人那样低俗地认识和看待爱情,相反,马克思认为这种发自内心的爱慕需要以正确有效的方式表达。为表达对燕妮的深深思念,马克思在入学的第一年写下三大本充满爱情火焰的诗歌集。其中,他这样写道:我和你志同道合心心相印,我们的心充满永恒的激情,我们的心将永远共燃不熄。这些情感的真挚表白,让燕妮感受到马克思对感情的认真和执着。燕妮对马克思的爱,也同样热烈而执着。

爱情生活需要他和她以全身心投入,虚情假意、逢场作戏只能使爱的情丝折断。马克思说:"如果你的爱作为爱没有引起对方的爱,如果你作为恋爱者通过你的生命表现没有使你成为被爱的人,那么你的爱就是无力的,就是不幸。"① 爱情的降临,不仅让人能从生理上获取对异性形象爱慕的愉悦,而且能从心理上得到对自己生活充实或幸福的某种满足。爱情就像一首诗,可以把生活诗意化;爱情就像一首歌,不管是欢乐还是忧愁,从那男女"二重唱"中,均能听到心灵交往、结合、撞击和共鸣的美妙乐章。马克思认为,这种爱情能"使一个人成为真正意义上的人"。如果一个人事业上成就卓著,而在爱情上暗淡无光,那未免总是一种心灵的缺憾。

爱情的前提是男女平等,互敬互爱。"如果她打你,一定要装得很痛;如果真的很痛,那就要装得没事",是电影《我的野蛮女友》表达的观点。这或许在批评传统爱情的男尊女卑定义上有裨益,但过分强调女性在恋爱中的地位和权益,无疑会导致另一种倾向的不平等。女方对男方的绝对权力,24 小时随叫随到的爱情只存在于小说、影视和想象之中。

---

① 《马克思恩格斯全集》第 42 卷,人民出版社 1972 年版,第 155 页。

在马克思看来,爱情一般会经历萌发、爱恋、狂热到成熟四个阶段。其中,爱恋是由钟情向深情的发展过程。在引起彼此钟情和互相深爱中,其心理的主要因素是爱恋双方在爱情理想上的相通合拍,产生同频率的共振,引起彼此感情上的爱慕。只有这样,一旦相遇或两者接触,就会唤起心弦共鸣、情波荡漾、情爱交融。马克思描绘过与燕妮钟情时的心理:"一个纯洁美丽的形象,在闪闪发亮,放射光芒,它萦绕在我的心坎上。见到它真是三生有幸,见到它就会钟情,永为它迷恋倾心。"①这是因为,"和高尚的品性相结合,融成一片光彩的美色;它是永恒欢乐是理想和美德最卓越的化身"②。同时,青年人要看到,如果仅仅是一方对另一方的钟情,这样不仅在感情上不平等,而且本身难以产生共鸣。

 木屋小故事

　　马克思对燕妮的情爱越是炽热,越是疯狂,燕妮就越是担忧。她在给卡尔的信中写道:唉,卡尔,我的悲哀在于,那种会使任何一个别的姑娘狂喜的东西,即你的美丽、感人而炽热的激情、你的娓娓动听的爱情词句、你的富有幻想力的动人的作品——所有这一切,只能使我害怕,而且,往往使我感到绝望。我越是沉湎于幸福,那么,一旦你那火热的爱情消失了,你变得冷漠而矜持时,我的命运就会越可怕。马克思用诗表达对燕妮忠贞不渝的感情:活着我们同呼吸,死后咱俩合安葬。事实上,随着岁月的流逝,不管在颠沛流离的生活中如何艰难困苦,马克思对燕妮的爱情犹如一坛老酒,愈酿愈纯,愈酿愈香。

男女之间获取爱情,不仅需要有爱的能力,而且需要相互喜爱,否

---

① 《马克思恩格斯全集》第40卷,人民出版社1972年版,第545页。
② 《马克思恩格斯全集》第40卷,人民出版社1972年版,第546页。

则难以称之为爱情,只能称之为"单相思"。可见,爱情具有对等性特征。女性因为具有特殊的生理和心理气质,尤其需要得到男性关照和尊重。男女间的平等,在一定社会条件下会延伸和体现在权利与义务的对等。作为爱情的必然趋势是建立家庭,为此当事人必须有义务承担起建立家庭的各种准备,而不能沉溺于无尽的精神交往中。

幸福的婚姻必须以爱情为基础,这是婚姻的显著特征。一方面,婚姻的缔结要以爱情为基础。马克思认为,"如果说只有以爱情为基础的婚姻才是合乎道德的",即要求人们在缔结婚姻时应该以爱情为基础。可是,在现实生活中,人们在缔结婚姻时会考虑除了爱情以外的物质性东西,如有人为了利益、金钱、社会地位等与异性缔结婚姻,这都是不道德的婚姻目的。另一方面,婚姻自由。爱情成熟的结果就是步入婚姻的殿堂,但婚姻并不是"镣铐",当婚姻没有感情时也应该得以解除。

关于恋爱和婚姻自由,不得不提起青年毛泽东的态度。1919 年 11 月 14 日,湖南长沙发生一起女子自杀事件:南阳街眼镜店老板赵海楼之女赵五贞因不满父母包办婚姻,用剃刀自杀于出嫁的花轿内。这引起青年毛泽东立即作出反应,先后在湖南《大公报》《女界钟》等报刊上连续发表了 10 篇文章。在毛泽东看来,赵五贞的死,完全是由社会、母家、夫家"三面铁网"致死,其本意是求生。据此,毛泽东认为:"这事件背后,是婚姻制度的腐败,社会制度的黑暗,意想的不能独立,恋爱不能自由。"①

恋爱是婚姻自由的前奏,解决了自由恋爱问题,才能最终实现婚姻自由。在《恋爱问题——少年人与老年人》一文中,毛泽东认为"恋爱这个问题,少年人看得很重,在老头子则视其无足介意"。这是因为,"老头子与恋爱,是立于冲突的地位",在他们看来,结婚更多地是为了"吃饭"和"接后",子女谈恋爱根本没有必要。有鉴于此,毛泽东"特在

---

① 《毛泽东早期文稿》,湖南人民出版社 2013 年版,第 377 页。

生理上、心理上找出根据,证明子女的婚姻,父母绝对不能干涉。在子女方面,对于父母干涉自己的婚姻,应为绝对的拒绝。必要做到这点,然后资本主义的婚姻才可废止,恋爱中心主义的婚姻才可成立,真正得到恋爱幸福的夫妇才可出现"。①

我国老一辈革命家大都不仅倡导婚姻自由,而且书写了许多自由恋爱的佳话。被杨昌济称赞为"二子海内人才,前程远大,君不言救国则已,救国必先重二子"之一的蔡和森,1919 年与向警予等一行 50 多人,乘坐"盎特莱蓬"号邮轮从上海启航前往法国。在 35 天的航程中,当两人谈到个人婚姻问题时,均强烈地反对旧式婚姻,主张大胆追求新式爱情和理想的完美结合。1920 年 5 月,蔡和森、向警予在蒙达尼结婚,婚礼热烈而简朴,两人分别朗诵在恋爱过程中互赠的诗歌,尔后将这些诗作结集出版,题为《向蔡同盟》。

马克思对离婚法做了研究,认为国家中现实的婚姻也是可以分离的。他对那草率离婚的做法表示蔑视:

"如果有人说,你们的友谊不能抵御最小的偶然事件,遇到任何一点不痛快都必定会瓦解,而且把这说成是一种公理,难道你们不觉得这是一种侮辱吗?"②

恋爱不是生活的全部,而是人生的重大问题。如何正确对待恋爱,是青年关注和关心的问题。马克思为青年人在实践上做出了榜样,在理论上提出了正确的恋爱观。1866 年 8 月 13 日,在给保尔·拉法格的信中,马克思提出了正确处理恋爱问题的基本观点。

恋爱要把握好表达方式。同许多青年人一样,1866 年正在法国巴黎大学读书的保尔·拉法格,在马克思家里遇见劳拉·马克思,两人从好感到友情,从友情到爱情,热情不断高涨。马克思不得不提醒向劳拉主动进攻的拉法格:是否应该涉足婚恋和如何涉足婚恋。当然,马克思

---

① 《毛泽东早期文稿》,湖南人民出版社 2013 年版,第 396—397 页。
② 《马克思恩格斯全集》第 1 卷,人民出版社 1995 年版,第 349 页。

不是简单干涉,只是要求拉法格慎重地对待恋爱问题。他不希望青年
人过早地涉足婚恋,毫不隐晦地对拉法格的行为表示了自己的担心:
"我惊讶地看到您的举止在只有一个星期的地质年代里,一天一天地
起变化。"①

　　处于热恋中的青年男女,自己不会停止爱,也不会让对方停止爱,
更不愿意接受旁人来停止他们的爱。马克思懂得自由恋爱的含义,并
不想干涉拉法格和劳拉的恋爱权利,对此只能表示惊讶。但他认为,热
恋不止,近乎愚蠢,会影响个人的正常学习、工作和生活。为此,马克思
对拉法格泼点冷水:您清楚地知道,并没有肯定许婚,一切都还没有确
定。即使她同您正式订了婚,您也不应当忘记,这是费时间的事。过分
亲密很不合适,因为一对恋人在长时期内将住在同一个城市里,这必然
会有许多严峻的考验和苦恼。事实上,马克思当然懂得青年人有完全
的自由恋爱的权利,也知道作为长辈对子女有"批准"的权力。因此,
他以长辈的身份教导拉法格和劳拉在婚恋面前要保持清醒。

　　马克思不仅批评了拉法格涉世不深、缺少理智、一头埋进恋爱的行
为,还要求他立足现实,充分考虑在婚恋生活过程中将面临的无数困难
的考验、苦难的折磨,从而不要轻率从事。针对拉法格比较冲动的求爱
方式,马克思提醒他注意"求爱"方式。在拉法格向劳拉的进攻步步紧
逼、不肯退却的形势下,马克思无法将拉法格拒之于门外,只得做出让
步。但为了避免拉法格得寸进尺,马克思觉得要严正"警告"这个热
情过高的青年人:如果您想继续维持您同我女儿的关系,您就应当放
弃您的那一套"求爱"方式。他要求拉法格用理性的克制来代替感情
的冲动:"您借口说您有克里奥洛人的气质,那末我就有义务以我健
全的理性置身于您的气质和我的女儿之间。如果说,您在同她接近
时不能以适合于伦敦的习惯的方式表示爱情,那末您就必须保持一

　　① 《马克思恩格斯全集》第31卷,人民出版社1972年版,第520页。

段距离来谈爱情。"①

　　针对恋爱中的这个突出问题,马克思希望青年人能摆脱原始的自然欲望的冲动,以"伦敦绅士"的风度来谈情说爱。他要求初涉恋爱的拉法格努力克制自己的热情,不要一发而不可止。马克思教导拉法格:在我看来,真正的爱情是表现在恋人对他的偶像采取含蓄、谦恭甚至羞涩的态度,而绝不是表现在随意流露热情和过早的亲昵。他要求拉法格摆脱热恋,避免时光的荒废。

　　鉴于自己早年的恋爱经历和人才成长的规律,马克思深深懂得青春的宝贵和完善自己才干的重要性。因此,在爱情和事业的关系上,他提出先完善自己再谈恋爱婚姻的看法。

　　对青年马克思来讲,如何正确处理爱情和事业关系,也是一个陌生的课题。但他很快以正确的行动,出色地回答了这个问题。青年马克思在爱情上有过热情奔放的经历,而他很快地摆脱了感情的纠缠,清醒理智地投身于学习和工作,终于以"不但思想丰富,很有洞察力,而且兼备渊博的学识"的好评通过了博士论文,以优异的成绩毕业于柏林大学。

　　大学毕业后,马克思面对失业和现实的挑战,不再有卿卿我我的沉湎,利用《莱茵报》阵地为劳动人民主持正义,逐步从民主主义者转变为社会主义者。在婚后短短的两个月的蜜月生活中,他更是化爱情为力量,写出了《黑格尔哲学批判导言》《论犹太问题》等不朽的作品。为了工人阶级的解放,马克思铸造的理论武器触犯了普鲁士政府,受到政府的迫害。1845年,婚后的当年他就被迫离开祖国,流亡巴黎。由于法国政府害怕马克思的革命立场,又迫使他离开巴黎流亡布鲁塞尔。1849年,马克思结束颠沛流离的生活,客居伦敦,专注于《资本论》巨著的写作,在事业上取得辉煌的成就。从坚定的步伐中,人们可以看出,马克思在爱情问题上坚持了"事业第一、爱情第二"的原则。因此,马

————————

　　① 《马克思恩格斯全集》第31卷,人民出版社1972年版,第521页。

克思态度坚决地告诫拉法格:"您要是想今天就结婚,这是办不到的。我的女儿会拒绝您的。我个人也会反对。您应该在考虑结婚以前成为一个成熟的人,而且无论对您或对她来说都需要长期考验。"①

马克思深深懂得爱情的真谛在于,用青春的热情、智慧和力量,创造家庭和人类的新生活,而不仅仅满足个人的情欲和家庭的私利。青年人要担负起社会和家庭的责任,关键任务在于经历社会磨难,百炼成钢。马克思对热情有余、行动不足的拉法格讲:关于您的总的情况,我知道:您还是一个大学生;您在法国的前程由于列日事件而断送了一半;您要适应英国的环境暂时还没有必要的条件——语言知识;您的成功的希望至少也是很靠不住的。我的观察使我相信,按本性说您不是一个勤劳的人,尽管您也有一时的狂热的积极性和有善良的愿望。在这些条件下,您为了同我女儿开始生活就需要从旁得到帮助。至于您的家庭,我一点也不了解。即使它有一定的财产,这还不能证明它准备给您一些资助。我甚至还不知道它对您所筹划的婚姻有什么看法。再说一遍,我很需要听到对这几点的明确的说明。在这里,马克思认为拉法格有革命的激情,但思想还不够稳重,在列日事件中,即拉法格带领巴黎大学的学生闹学潮,因为不够策略,被巴黎大学开除学籍,无谓地断送了自己的学业和有利前程,这是不明智的。

马克思认为拉法格在学业上要不断进步,至少以法语为母语的拉法格还没有英语的基本知识,难以适应当时工人运动中心——英国的生活,是会影响交往和工作的。他还认为拉法格要进一步投身实践,体验社会生活,改造自己的思想,像拉法格那样光有热情和善良愿望,没有劳动人民的勤劳品质是无益于工作和生活的。概言之,马克思认为青年人只有在生理、心理、思想、道德、知识和技能等素质比较成熟的基础上,才有理由考虑恋爱问题。

青年只有把爱情融于报效国家、奉献社会、服务人民,才能给自己

---

① 《马克思恩格斯全集》第31卷,人民出版社1972年版,第522页。

的人生及爱情赋予真正的意义。因此,要树立正确的恋爱观,端正恋爱动机。恋爱是寻找未来志同道合、白头偕老的终身伴侣,而不是为了安慰解闷、寻找刺激,更不是单纯为了性的满足。恋爱对象的选择是一个复杂的过程,不能忽视经济、政治、文化、个性等因素,但共同理想的指向、共同品德和情操是最根本的。

青年大学生作为新时代的国家栋梁,要端正恋爱动机,把恋爱观建立在理想、道德、事业和性爱的有机结合上,处理好恋爱、学业、事业三者之间的关系。恋爱是人生的一件大事,但并非人生的全部。青年大学生要以学业为重,因为学习是主要目的。事业高于爱情,主张事业为主,不宜过早地恋爱,但也不要认为爱情是事业的绊脚石,处理得好的话,爱情对事业能起到催化的作用。

第七章　如何推进马克思主义中国化

　　马克思主义是中国共产党的灵魂和旗帜，在革命、建设和改革中，中国共产党人不断推进马克思主义中国化，创立了毛泽东思想、邓小平理论，形成了"三个代表"重要思想、科学发展观，创立了习近平新时代中国特色社会主义思想。新的征程上，如何继续推进马克思主义中国化？必须坚持把马克思主义基本原理同中国具体实际相结合、同中华优秀传统文化相结合，领悟马克思主义的真理性科学性，弄懂东方社会发展道路上中国篇，续写马克思主义中国化新篇章。

一、领悟马克思主义真理性科学性

人类文明前行的历史宛如一条奔腾的江河,川流不息,亘古不变,时而飞流直下,时而风平浪静,时而千回百转,变化乃永远不变的存在。这其中蕴含的规律是,不管期间有多少阻隔,浩浩长河总是呼啸向前,从来不会因世事、人物或空间停止前行的脚步。马克思主义是人类文明成果的"集大成",是马克思主义政党的精神支柱和强大思想武器,自诞生以来就掀开人类历史的崭新一页,谱写了人类历史的光辉篇章。

有人曾戏称"中国保安"是最懂马克思主义哲学的人,因为他们经常在问三个"终极性"问题:你是谁? 从哪里来? 到哪里去? 围绕这三个"终极性"问题,我们一起来了解马克思主义的前世、今生、未来,进而领悟马克思主义的真理性科学性。

从哪里来? 马克思主义的前世渊源。

宋代大儒张载将知识分子的使命概括为:为天地立心,为生民立命,为往圣继绝学,为万世开太平。马克思的一生,把自己的"论文"写在世界大地上,履行了知识分子的崇高使命。而读懂马克思主义的历史,需要从马克思的"论文"开始,了解社会主义从空想到科学,从一种模式到多种模式。

从理论维度看,马克思、恩格斯使社会主义实现了从空想到科学的飞跃。

1516 年托马斯·莫尔的《乌托邦》发表,标志着空想社会主义的诞生。1848 年马克思、恩格斯共同撰写的《共产党宣言》发表,标志着科学社会主义的诞生。至此,在人类追求理想社会的道路上艰辛跋涉332 年的空想社会主义,完成了从空想到科学的华丽转身。

1848 年,那是一个春天,两位青年在布鲁塞尔的一家小咖啡馆里画了一个大圆圈——《共产党宣言》横空出世:"一个幽灵,共产主义的幽灵,在欧洲游荡。为了对这个幽灵进行神圣的围剿,旧欧洲的一切势力,教皇和沙皇、梅特涅和基佐、法国的激进派和德国的警察,都联合起来了。"①

在《共产党宣言》的开头,马克思、恩格斯以一种类似于自豪而又自嘲的语气,描述了共产主义对于当时欧洲的影响:一个幽灵,可以使旧欧洲的一切势力联合起来。那教皇代表什么? 以基督教为代表的欧洲各派宗教势力;俄国的沙皇呢? 当时的俄国仍是一个半农奴制社会,代表的仍是封建地主的旧势力;法国的激进派是什么? 法国大革命期间的各种派别一个比一个激进,一言不合就会像金庸小说的全真七子"排兵布阵",或江南七怪"兵刃相接"。以马克西米连·罗伯斯庇尔为代表,可以说把他认识的人,都送上了断头台。这既包括自己的敌人,也包括自己的朋友,滑天下之大稽的是,最终连自己一块送上了断头台。而法国与德国历史上是什么关系? 应该叫"法德世仇"吧! 在世界历史上,有好几对国家均称得上"世仇",不是今天你打我,就是明天我打你,在很长的时间里,互相之间打来打去。从一开始拿破仑灭了半个普鲁士,组织莱茵联盟给法国上供,到普英联军在滑铁卢打败拿破仑,再到拿破仑三世脑子发热发起普法战争,在色当被打得一败涂地,导致割让阿尔萨斯和洛林给普鲁士。读过法国作家都德《最后一课》的,对于这段历史可能记忆犹新。时间来到1914年,第一次世界大战打得稀里哗啦,第二次世界大战打得一塌糊涂,直至战后北约统一各国的军事防务,欧盟统一各国的经济框架,各国合伙做生意,闷声大发财,才消停下来。

所以从理论上讲,就像找人打麻将,这些人原本难以凑在一起,可现在坐到一张桌子上,他们"都联合起来了"。这是为什么?

原因十分简单,为了围剿共产党。不仅完全如此,马克思说:"有哪一个反对党不被它的当政的敌人骂为共产党呢? 又有哪一个反对党

---

① 《马克思恩格斯选集》第 1 卷,人民出版社 2012 年版,第 399 页。

不拿共产主义这个罪名去回敬更进步的反对党人和自己的反动敌人呢？"①不管是谁，只要看你不顺眼，就给你扣上一顶"共产主义"的帽子，骂对方是共产党，在当时居然成了一种时髦。

可见，旧欧洲的一切势力，对共产主义有着刻骨的仇恨，恨不得立即把共产党扼杀在摇篮里。然而，历史车轮滚滚向前，在这种严酷环境下《共产党宣言》应运而生，科学社会主义开启了风起云涌的时代。

值得警惕的是，资本主义对共产主义不择手段的"剿灭"从来就没有停止过，时至今日，极少数西方资本主义发达国家仍在联合国大会上叫嚣"社会主义为人民带来苦难"。社会主义到底错在哪里，为什么一直被别人这般抹黑？

原因非常简单，"帝国主义亡我之心不死"，从来就不是一句口号。一些人在互联网见过的"杜勒斯十条"，据说是 20 世纪 50 年代初美国前国务卿杜勒斯提出的，旨在针对共产主义国家进行和平演变的行动守则。80 年代末 90 年代初东欧剧变、苏联解体后，尝到和平演变战略甜头的个别西方大国，更是变本加厉，用于对付社会主义国家的和平演变战略更趋完善。

让人好笑又费解的是，美国仍在干预香港事务、支持反中乱港势力。人民日报香港 2021 年 9 月 24 日电：24 日，中国外交部对外发布《美国干预香港事务、支持反中乱港势力事实清单》。这份清单是记录美国粗暴干预香港事务、破坏香港繁荣稳定的"罪证簿"，系统梳理了 2019 年"修例风波"以来美方插手香港事务、干预中国内政的种种劣迹：美方炮制涉港法案，抹黑中方对港政策；悍然实施制裁，妄图阻挠香港国安法和中国全国人大有关决定在港顺利实施；污蔑诋毁特区事务，妄议香港警方执法行动，破坏香港繁荣稳定；包庇支持反中乱港分子，为其兜售"港独"主张、散播政治谎言提供平台，是非不分、颠倒黑白为违法分子说项；多边串联施压、纠集盟友联手干涉香港事务，沆瀣一气

---

① 《马克思恩格斯选集》第 1 卷，人民出版社 2012 年版，第 399 页。

对香港事务说三道四、指手画脚。这份清单,让美国干预香港事务的卑劣手段和险恶用心进一步大白于天下。

《美国干预香港事务、支持反中乱港势力事实清单》,是对企图干预中国内政、遏制中国发展的外部势力敲响的"警世钟"。清单的发布向世界昭告,中国的主权、安全、发展利益不容挑战,中国人民不怕鬼、不惧压、不信邪,任何破坏"一国两制"和香港繁荣稳定的企图都逃不过中国人民的雪亮眼睛,任何人都不要低估中国人民维护民族尊严和正当权益的钢铁意志,任何打"香港牌"遏制中国发展的图谋都不可能得逞。天下大势,浩浩汤汤,顺之者昌,逆之者亡。中方敦促美方切实尊重中国内政,恪守国际法和国际关系基本准则,立即收回干预香港事务的"黑手",否则必将搬起石头重重地砸在自己的脚上,必将遭到中国人民的有力反击。

从空间维度看,马克思主义使科学社会主义实现了从无到有的飞跃。

1847 年全世界建立起第一个共产党,1848 年《共产党宣言》发表后迎来革命的春天。1871 年爆发巴黎公社革命,无产阶级第一次夺取政权,第一次建立起无产阶级国家的雏形。从 1917 年十月革命一声炮响,世界上建立起第一个社会主义国家,到第二次世界大战结束,一些国家的共产党乘胜追击,又在东亚和东欧建立起 10 多个社会主义国家。

目前,执政的共产党有 5 个,分别是中国、越南、古巴、朝鲜、老挝国家的共产党。南非、葡萄牙等 10 多个国家的共产党,在执政联盟中参政。现在,资本主义国家中仍有 130 多个坚持社会主义的共产党和工人党,国内选举中在议会占有席位;其中,白俄罗斯、比利时、乌拉圭等国家的共产党,在本国上议院占有席位。全球有 1 亿 600 多万名共产党员,约占世界总人口数的 1.52%。

总体上看,这些数量是巨大的,这些变化也是巨大的。当今世界,有如此高度统一的政党名称,除了共产党,别无其他;有如此之广的覆盖面,除了共产党,别无其他;有如此之多的党员数量,除了共产党,别无其他。

从实践维度看,马克思主义使社会主义实现了从一种模式到多种模式的飞跃。

世界上第一个社会主义国家苏联诞生后,在长期的社会主义实践中,形成了苏联社会主义模式。"苏联模式"虽然有不少弊端,尤其在苏联后期腐朽僵化,但不能否认其对于巩固和保卫新生的社会主义政权功不可没,对于世界反法西斯战争的胜利功不可没,对于形成和壮大社会主义阵营功不可没。斯大林逝世后,除阿尔巴尼亚以外,南斯拉夫、匈牙利、波兰等东欧社会主义国家逐渐拉开社会主义改革的序幕,取得过令人瞩目的成就。中国、越南、古巴等社会主义国家,也开始探索适合本国国情的社会主义道路。从此,社会主义由一种模式发展到多种模式。

东欧剧变、苏联解体后,社会主义中国吸取正反两方面的经验,一以贯之地坚持和发展中国特色社会主义。中国特色社会主义,是在改革开放40多年的伟大实践中得来的,是在新中国成立70多年的持续探索中得来的,是在中国共产党领导人民进行伟大社会革命100多年的实践中得来的,是在近代以来中华民族由衰到盛180多年的历史进程中得来的,是在世界社会主义500多年波澜壮阔的发展历程中得来的,是在对中华文明5000多年的传承发展中得来的。"坚持和发展中国特色社会主义是一篇大文章,邓小平同志为它确定了基本思路和基本原则,以江泽民同志为核心的党的第三代中央领导集体、以胡锦涛同志为总书记的党中央在这篇大文章上都写下了精彩的篇章。"①新时代中国共产党人的任务,就是继续把这篇大文章写下去。

事实胜于雄辩,行动胜于空谈。在新时代,中国特色社会主义道路越走越宽广,使世界上正视和相信马克思主义和社会主义的人多了起

① 《习近平谈治国理政》,外文出版社2014年版,第23页。

来,使世界范围内两种意识形态、两种社会制度的历史演进及其较量发生了有利于马克思主义、社会主义的深刻转变,中国特色社会主义成为振兴世界社会主义的中流砥柱。中国特色社会主义的发展,拓展了发展中国家走向现代化的途径,给世界上那些既希望加快发展又希望保持自身独立性的国家和民族提供了全新选择。

让人难以理喻的是,时下有人仍不愿摘下"有色眼镜",把马克思是"落伍之人"、科学社会主义是"过时之物",作为茶余饭后的谈资。这也许是有色的眼镜玻璃遮挡了阳光,让他们看不见马克思的"先见之明"让社会主义正当其时。因为马克思主义不可能一成不变,必定随着时代、实践和科学的发展而不断发展,社会主义也从来都是在开拓中前进的。"不看广告看疗效",这句广告词曾风靡一时,给人留下深刻印象。回首共产主义信仰在中国的历程,科学社会主义事业在中国的发展,究竟发生了哪些变化?而印证此"疗效"的,当属毛泽东在《水调歌头·游泳》一词中的名句"神女应无恙,当惊世界殊"。

为什么说科学社会主义正当其时?原因非常简单,"70 后、80 后、90 后、00 后,他们走出去看世界之前,中国已经可以平视这个世界了,也不像我们当年那么'土'了。"①平视世界就是中国怎么看世界,中国人怎么看世人,是正视还是斜视?是仰视还是俯视?既取决于彼此的站位、方位、定位,也取决于彼此的状态、姿态、心态。概言之,取决于彼此的立场、态度、感情。一代人有一代人的感知和认知,一代人有一代人的责任与担当。

"70 后"成长在我国刚刚实施改革开放的阶段,封闭多年的国门一朝打开,人们忽然发现已经被世界落下很远。一时间洋品牌充斥市场,洋思潮泛滥天下,日本电器好像永远用不坏,桑塔纳轿车很"高档",尖皮鞋喇叭裤大波浪卷发引领时尚潮流。资本主义社会咋就这么发达?

---

① 任仲平:《继往开来的世纪伟业——写在全面建成小康社会的历史时刻》,《人民日报》2021 年 7 月 5 日第 4 版。

在"70后"的印象中,当时东方的社会主义中国百废待兴,相比西方的资本主义发达国家则是全面落后。这代人有着奋发图强的呐喊,也有着"外国的月亮比中国圆"的感叹!

"80后"是伴随我国改革开放日新月异发展起来的一代,在社会主义市场经济的东风吹拂下,合资品牌把原装进口拉下神坛。随着生活水平逐步提高,"80后"对于西方发达资本主义国家不再盲目崇拜,而是向往与戒备并存。中国开始在国际社会上崭露头角,但中华民族伟大复兴之路并非一帆风顺。在"80后"的记忆中,既有港澳顺利回归、世贸协定签署的振奋,也有驻南联盟大使馆被炸和南海撞机王伟魂归大海的揪心屈辱。"80后"既见证了祖国的发展,也经历着民族复兴过程中的阵痛。

"90后"是成长环境优越的一代,也是个性愈发鲜明的一代。进入21世纪,走向富强的中国,带给这一代人的是一种天生的优越感。"美国无敌小护照,德国良心下水道",成为他们茶余饭后的调侃段子,"崇洋媚外"的帽子不再适合"90后"。这一代人只把外国当作一个可以去旅游或上学的地方,越来越多的中国留学生在学业结束后选择回国效力。他们把进口商品仅仅当作一个购买选项,所以无论是iPhone还是华为都用得很开心。他们对于国家的认同和热爱,毫不低于"70后"和"80后",其胸怀更为开阔。"90后"会同"台独分子"展开有理有据的论战,会为永暑礁降落军机而欢呼;而在日本熊本县发生地震的时候,他们也会在网上点燃一支小蜡烛,为遇难的民众祈福。应该说,"90后"开始拥有一颗真正意义上的大国之心。

刚刚走向成年人的"00后",开放、自信、包容,有点"国际范",是生活条件和成长环境更为优越的一代,相信会成长得更为优秀。

"70后、80后、90后、00后"之所以平视世界,是因为中国人不需要仰视,也不需要被仰视;不会去俯视,也不接受被俯视。自信的中国人始终坚信:世界好,中国才能好;中国好,世界才更好。平视世界是一种好习惯,虽然中国还有些路要走、要磨合,但"平视模式"已经开启。

开弓没有回头箭,必将一往无前、永不回头,必定会赢得热爱和平、对华友好的世界各国人民的尊重和支持。

 木屋小故事

中国共产党成立100周年前夕,互联网上有两张刷屏的对比图:一张是1901年中美签订辛丑条约的现场,而另一张是2021年中美高层战略对话会议的场景。图的下面,配有醒目的文字:"你们没有资格居高临下同中国说话,中国人不吃这一套""美国的这个老毛病要改一改了!"面对连基本外交礼仪都不遵守的美国官员,中方对美方这番话理直气壮、掷地有声,说出了每个中国人的心声。

所以说,马克思主义正当其时。这主要体现在中国人的感受是非常好的,必将越来越好。

说安全。说中国是当今世界上最安全的国家可能没什么人反对吧,至少可以算之一。如果说有人半夜在大街上遛达,你会不会觉得他十分勇敢?如果说一个女孩子独自坐公交车,你会不会觉得她随时会被性侵?面对突如其来的新冠肺炎疫情,党中央坚持把人民生命安全和身体健康放在第一位,团结14亿多中国人民众志成城、万众一心,迅速打响疫情防控的人民战争、总体战、阻击战。从出生仅30多个小时的婴儿到100多岁的老人,都给予全力以赴的救治,不放弃每一位病患者,中国是世界主要大国中发病率最低、死亡人数最少的国家。

谈便捷。有宽阔的马路、飞驰的高铁、密布的航班,已建成多个一小时都市圈,基础设施和基础服务日益完善,出行非常便捷;网店四处开花,快递无处不达,只要你愿意足不出户就可能生活一辈子,生活非常便捷。

话美食。说到这一点可能有人会发笑,美食也是制度优势吗?这可是中国人的天赋啊！论一个吃货的养成，需要先进的生产力作为必要条件。大家最喜欢吃的东西有什么？你有没有想过"为什么想吃什么就有什么"？食物的构成主要分成主食——大米白面，蔬菜——白菜包菜，水果——瓜果梨桃，肉类——鸡鸭鱼肉。成本最低的、最高产的，当然属于主食。一般来说，种植蔬菜水果的成本高于主食，肉类的成本更是远远大于水果蔬菜。对于各种食物能够做到想吃就吃，确实是一件很了不起的事。何况还有各种各样花样翻新的烹调方式，食物的成本就更是翻着个地往上涨。没点实力，想吃又好吃的东西，不是在哪个国家哪个人都吃得上的。

聊护照。前些年，网上流行说美国的护照很牛：不管你身处何方，美国政府和军队都是你强大的后盾。当时把很多人感动得热泪盈眶，事实是这些热泪盈眶的人，也许一辈子没有见过真正的美国护照：美利坚合众国国务卿在此要求相关人士给予该美国公民/国民通行便利及在需要时提供合法的帮助与保护。那中国护照上写了啥？个人特意看了一下：中华人民共和国外交部请各国军政机关对持护照人予以通行的便利和必要的协助。中美两国护照上的文字，意思差不多吧？随着中国经济政治社会和军事外交实力的不断提升，中国的护照越来越好使。实际上，护照的强大不在于你可以免签多少个国家，而在于你遇到危难时，是不是有飞机和军舰来接你回家。

到哪里去？马克思主义的未来展望。

社会主义思想从提出到现在，经历了六个时间段：空想社会主义产生和发展，马克思、恩格斯创立科学社会主义理论体系，列宁领导十月革命胜利并实践社会主义，苏联模式的逐渐形成，新中国成立后中国共产党对社会主义的探索和实践，中国共产党作出进行改革开放的决策、开创和发展中国特色社会主义。可见世界社会主义从诞生到现在所经历的"六个时间段"中，有两个时间段是由中国接力推进的，并正在由中国力量继续向前推进。

中国共产党领导中国人民取得的伟大胜利，使具有 500 年历史的社会主义主张在世界上人口最多的国家成功开辟出具有高度现实性和可行性的正确道路,让科学社会主义在 21 世纪焕发出新的蓬勃生机。中国特色社会主义是科学社会主义理论逻辑和中国社会发展历史逻辑的辩证统一,是根植于中国大地、反映中国人民意愿、适应中国和时代发展进步要求的科学社会主义。它牢牢坚持科学社会主义的基本原则,又根据时代条件赋予其鲜明的中国特色,为科学社会主义注入许多原创性贡献。

道路走得怎样,靠事实说话、由人民评判。把共产主义事业作为最高理想的中国共产党人,举自己的旗、走自己的路,说自己的话,始终心系民心、聚力发展,并放眼世界,在提升自身生产力发展水平的同时,积极主动走出国门、引领推动经济全球化,让生产力发展的光芒,照亮、造福更多国家和人民。以生产力作为标准,哪种制度能够更快地发展生产力,就是更好的社会制度。代表未来发展方向的社会主义中国,已然具备了更快的速度、更稳的态势、更多的后发优势。

试问生活在坚持走中国特色社会主义道路的新时代中国,有谁会觉得自己这辈子用不起空调? 有谁会觉得自己这辈子买不起汽车? 如果没有的话,就应对中国特色社会主义道路充满自信,对中国特色社会主义理论充满自信,对中国特色社会主义制度充满自信,对中国特色社会主义文化充满自信。

就这样被你征服
马克思主义的光明前途
我的行动已经启幕
我的地盘由你作主
就这样被你征服
明确未来的前进道路
我的信念如此坚固
我的付出无比幸福

社会主义的人间正道来之不易,历经沧海与桑田。以中国特色社会主义为中流砥柱的世界社会主义，走过了"雄关漫道真如铁"的昨天，走到了"人间正道是沧桑"的今天，也必将走向"长风破浪会有时"的美好明天。

二、弄懂东方社会发展道路上中国篇

马克思、恩格斯高度肯定中华文明对人类文明进步的贡献，科学预见了"中国社会主义"的出现，甚至为他们心中的新中国取了靓丽的名字——"中华共和国"。当中国人连马克思的名字都不知道的时候，马克思已经把目光投向中国，开始从历史和战略的高度，关注中国的前途和命运。

1849 年 12 月，一位叫郭士立的传教士，在伦敦大学和一些协会进行了多场关于中国的演讲，其中有许多涉及中国各地的暴动和欧洲共产主义运动的评论。郭士立出版过许多关于中国的论著，是当时少有的对中国有深入了解的西方人，马克思、恩格斯称其为"著名的德国传教士"，对他在中国亲身经历的变化十分感兴趣。

在中国亲身经历的变化，主要是指郭士立向欧洲人士传来的"有代表性的新鲜奇闻"：本来，中国这个遥远东方"国家的缓慢地但不断地增加的过剩人口，早已使它的社会状况变得为这个民族的大多数人难以忍受"，而鸦片战争后，英国和美国用机器生产的廉价工业品充斥这个国家，以手工劳动为基础的中国工业经不住机器的竞争，"国家濒于破产，大批居民落得一贫如洗，这些居民起而闹事，迁怒于皇帝的官吏和佛教僧侣，打击并杀戮他们"。

引起马克思、恩格斯关注和愤怒的是，当郭士立离开中国 20 年后，听到人们在谈论社会主义的时候，他问：这是什么意思？别人向其解释后，他便惊叫起来：这么说来，我岂不到哪儿也躲不开这个害人的学说了吗？这正是中国许多暴民近来所宣传的那一套啊！在欧洲反动势力加紧镇压工人运动的特殊时刻，郭士立攻击社会主义是"害人的学说",把反抗封建统治的中国民众称为"暴民",以他的身份和独特经历,自然会造成不小的社会影响。

郭士立对中国出现的革命趋向和社会主义运动发表污蔑性言论,让马克思、恩格斯再也坐不住,挺身而出,展开有力回击。1850 年 1 月 31 日,马克思、恩格斯在一篇时评中写道:"当然,中国社会主义之于欧洲社会主义,也许就像中国哲学与黑格尔哲学一样。但是有一个事实毕竟是令人欣慰的,即世界上最古老最巩固的帝国八年来被英国资产者的印花布带到了一场必将对文明产生极其重要结果的社会变革的前夕。当我们的欧洲反动分子不久的将来在亚洲逃难,到达万里长城,到达最反动最保守的堡垒的大门的时候,他们说不定会看见上面写着:中华共和国。自由、平等、博爱。"①这虽不到 200 字,但言简意赅,意义重大而非凡。

宣告中国的社会主义会有中国的特色。中国的革命者要求消灭私有制,实行财富公平分配,但这些社会主义的要求又是植根于中国的具体国情,受中国的文化和历史传统影响,是在一个落后的农业国、一个充满危机的封建社会基础上,叠加了资本主义商品带来的冲击而发生的,必然与资本主义比较发达的欧洲出现的社会主义有不一样的特点,其间的区别也许就像中国哲学之于黑格尔哲学一样。

宣告中国的革命会受到世界历史运动的影响。同传统的闭关自守的农业社会发生的农民革命不同,引发中国革命的因素,不仅有封建剥削和压迫,而且有传统手工业和传统农业生产方式在机器竞争下的破产与凋敝,国家濒于破产,大批居民落得一贫如洗,看似牢固的中华帝国遭受了社会危机,已经面临一场大规模革命的威胁。为此,社会主义当然不是郭士立说的"害人的学说",中国的革命者自然也不是所谓的"暴民"。革命和社会主义顺应历史潮流,不得不为之。

宣告社会主义是世界的也是中国的必然前途。马克思、恩格斯生

---

① 《马克思恩格斯论中国》,人民出版社 2018 年版,第 134 页。

动描绘了反动势力将来在革命胜利后无处可逃的窘境,这是对极力镇压工人运动的欧洲反动势力的蔑视,也是革命低潮下对继续革命的坚定信念和对革命前途的无比信心。

正是基于对社会主义事业的坚定信念,马克思、恩格斯在这篇评论中自信地预见,在这场欧洲和中国都置身于其中的世界历史的运动中,世界上最古老、最巩固的封建帝国必将为一场社会改革所摧毁,中国人民的革命斗争必将取得胜利,中国的前途是社会主义的"中华共和国"。

对中国人民革命的热情关注,是马克思、恩格斯关于东方社会发展道路的一部分。因此,我们需要站在东方社会发展道路上来了解中国篇。

历史唯物主义是人类科学思想中的重大成果,马克思、恩格斯关于东方社会发展道路的理论,则是这一人类科学思想宝库中一颗璀璨的"东方明珠"。如果没有它的存在,历史唯物主义就会显得残缺不全,失去应有光辉。了解东方社会发展道路的理论,可以从东方、东方社会、东方社会发展道路这三个基本概念入手。这些看似熟悉又陌生的概念,其实在日常学习工作中会经常出现和使用,如"东方经济论坛"等,我们应当加以了解和掌握。

什么是东方？这是与西方相对应的概念,二者作为地理概念具有相对性。区分两者的界限和各自范围,需要把其放在一定的坐标系中,确立起一个坐标的中轴。在古代,由于罗马帝国的版图广大、国力强盛,人们习惯以罗马帝国为坐标的轴心。罗马帝国地处西方,伴随东、西方交往的扩大,西方人心目中的东方逐渐向日出的方向延伸,先是西亚和北非,而后是南亚,接着是东亚,直至涵盖整个非西方世界。

近东、中东、远东,又是怎样划分的？在世界历史上,由于不同历史时期坐标系及其中轴不同,东方和西方的地理界限和范围也随之变化。近代以来,由于西欧在经济、政治、文化上的发展领先于世界,于是人们把西欧作为坐标系的中轴,西欧人将西欧以外的欧洲东部和亚洲称为东方,并细加区分:将俄罗斯高加索以西以北的地区称为近东;将高加索以东、伏尔加河以西和以南的地区,以及现在的伊朗、伊拉克、巴勒斯坦等国所处的地区称为中东;将伏尔加河以东地区称为远东,包括中国、朝鲜、日本等国家和西伯利亚地区。

在马克思、恩格斯的著作中,未见对东方这一概念下过准确的定义。就他们使用这个概念的情况和赋予其意义来看,马克思、恩格斯对东方这一概念的理解,同近代以来西方人对东方的理解是基本一致的。

什么是东方社会? 这是与西方社会相对应的概念,二者既是地理上的概念,更是社会历史概念。因为在马克思、恩格斯所处时代,西欧各国先后进入资本主义社会,而其他国家大都处于前资本主义发展阶段。西欧各国的社会被称为西方社会,处于前资本主义阶段的国家的社会则被称为东方社会。这两个概念,虽然与其所处的地理方位有一定关系,但主要不是地理上的概念,而是社会历史概念。

东方社会与西方社会有什么质的区别? 从马克思撰写的关于印度和中国的文章中,以及《1857—1858 年经济学手稿》的"资本主义生产以前的各种形式"一章中不难看出,前资本主义生产方式与资本主义生产方式上的特点与不同:一是劳动者与劳动的客观条件直接结合在一起;二是个人隶属于一定的共同体,离开这个共同体,个人就难以存在;三是经济形式是自给自足的自然经济,劳动者生产的目的是为了创造使用价值,而不是为了创造交换价值;四是全国分成许多各自孤立的、农业和手工业相结合的、自给自足的农村公社,这是东方专制制度的基础;五是没有土地私有制,这是了解东方社会的一把钥匙。

什么是东方社会发展道路? 这是与西方社会发展道路相对应的概念。马克思、恩格斯认为当时的西方社会已经是资本主义社会,资本主义社会发展到一定程度将通过革命的道路或和平发展的道路走向社会主义社会。处于前资本主义发展阶段的东方社会,则有两种可能的发展道路或发展前途:一种是在西方社会已经取得社会主义革命胜利、进入社会主义社会的前提下,不经过资本主义发展阶段直接进入社会主义社会;另一种是前资本主义社会解体,进入资本主义社会,然后从资本主义社会发展到社会主义社会。这两种发展前途究竟哪一种得以实现,关键取决于当时的国际环境。

　　具体地讲,马克思、恩格斯关于东方社会发展道路的理论,主要是研究东方社会如何走向社会主义社会的问题。这一理论的内容虽然非常丰富,但归结起来主要是两个方面的问题:一方面,是关于亚细亚生产方式的含义及其在社会发展序列中的地位问题;另一方面,是关于俄国社会发展道路问题,即俄国农村公社或俄国社会能否不经过资本主义发展阶段而直接进入社会主义社会的问题。

　　马克思、恩格斯在早中年重点研究亚细亚生产方式问题,在晚年重点研究俄国社会发展道路问题。从 20 世纪 80 年代以来,关于东方社会发展道路的理论一直是我国学术理论界研究和讨论的一大热点问题。

　　马克思、恩格斯一向认为,社会主义革命将首先在发达资本主义国家发生并取得胜利,在晚年也没有改变这种看法。他们晚年虽然认为俄国农村公社有可能"不通过资本主义制度的卡夫丁峡谷"而直接实现社会主义,但强调实现这一点的不可或缺的前提是,西欧无产阶级革命首先取得胜利。

 布袋小知识

　　卡夫丁峡谷,是一个出自古罗马的典故。关于马克思所引用的"卡夫丁峡谷"一词的含义,理论界主要有两种认识:一种认为,它是指资本主义生产发展的过程。所谓"不通过资本主义制度的卡夫丁峡谷",就可以超越资本主义生产发展的整个阶段,由前资本主义的生产方式直接进入以公有制为基础的社会主义生产方式阶段。另一种认为,它意指资本主义的社会形态。前资本主义国家在特殊的历史条件下,可以直接进入社会主义社会,不仅实现生产方式的变更,而且实现社会制度的更新。

我国学术理论界有人认为，马克思、恩格斯晚年有了在落后的俄国可能首先发生并取得社会主义革命胜利的思想，认定俄国十月革命和中国革命的胜利，就是对这种思想的有力证实。实际上，这是用俄国十月革命和中国革命的实践，用马克思、恩格斯逝世后的历史背景和历史条件来解读其思想。这势必违背历史主义原则，曲解他们的原意。

据统计，在《马克思恩格斯全集》中文第一版50卷中，直接提及中国的地方有800多处，其中仅《资本论》及其手稿中，就有90多处。"第二次鸦片战争期间，马克思撰写了十几篇关于中国的通讯，向世界揭露西方列强侵略中国的真相，为中国人民伸张正义。"[①]这是东方社会发展道路上中国篇的具象化描述。我们需要了解蕴含其中的具体内容，捕捉真实的历史和事实的细节，坚定"四个自信"，为统揽"四个伟大"，创造新时代中国特色社会主义伟大成就，贡献自己的智慧和力量。

1849年马克思携家带口来到雾都伦敦，这一客居就是整整34年，直至马克思逝世。流亡伦敦的生活，让马克思常常愁云满脸，为了一家人的生计，他当上了美国《纽约每日论坛报》的通讯员，为那份报纸撰写了大量的通信和评论文章。

1841年创刊的《纽约每日论坛报》，是美国辉格党机关报。19世纪四五十年代，该报站在进步的立场上反对过奴隶占有制。从1851年8月开始，马克思为该报撰稿，其中有相当一部分是马克思约恩格斯撰写的，文章涉及国际政治、工人运动和欧洲各国的经济发展、殖民地扩张，以及被压迫国家和附属国家的民族解放运动等重要问题。尽管马克思后来说这些文章水平有限，但我们不能"天真"地去"较真"，因为这是他的客气和谦辞。马克思的天分是抑制不住的，可靠的资料、严肃的研究和雄辩的推论叠加在一起，让他凭借这些文章成为《纽约每日论坛报》老板口中"最宝贵的撰稿人"。

当时《纽约每日论坛报》在美国影响很广，在马克思、恩格斯为该

---

① 习近平：《论党的宣传思想工作》，中央文献出版社2020年版，第324页。

报撰写的 300 多篇文章中,从 1853 年开始,有 10 多篇是直接讨论中国问题的。数量虽算不上多,但对于当时的中国来说,却有着重要价值和积极意义。当时,马克思、恩格斯为什么要讨论中国,并热情关注中国人民的革命呢? 其实,这并不是意外的收获,而是有着内在和外在原因的。熟悉中国近现代史的人会想到,1840 年英国发动了鸦片战争,1842 年迫使清政府签订了《南京条约》。在恩格斯看来,资本主义用坚船利炮开拓中国市场,只是为更加剧烈的资本主义竞争拉开了序幕。1845 年 2 月 15 日,他在德国埃尔伯费尔德的一次演说中指出:英国迫使中国开放港口以后,已经没有了夺取新市场的可能性。他们只能加紧压榨现有的市场,而且工业的扩展将来要缓慢得多,所以现在比以前更不能容忍竞争者了。

西方资本主义国家的殖民扩张进入了一个崭新的阶段,而中国作为世界市场的巨大组成部分,难以逃脱西方列强争夺的厄运。优秀"记者"出身的马克思,怎么可能放过这一热门的选题。这只是外在的原因,更为重要的内在原因是,马克思、恩格斯为无产阶级和工人运动制定了革命理论。他们不仅需要了解欧洲社会的历史和现状,而且需要了解东方社会的情况;不仅需要研究资本主义国家内部的矛盾和危机,而且需要研究它们的国际矛盾和危机,还需要研究前资本主义国家的内部矛盾和危机。

这 10 多篇文章中,马克思、恩格斯对中国这个老大帝国的过去、现在和未来,对中国与世界的关系,对人类共同的命运,均作出了至今仍然令人信服的评述。我们应当细读和深悟马克思到底是如何把自己的思想,运用到对中国问题分析上来的。

关于古代中国对世界的影响,马克思认为中国人口一直占据世界之首,经济长期处于领先地位。直到 19 世纪初期,中国仍是世界上最强大的国家之一。中国古代文明曾经极大地推动了世界文明的进程,甚至改变了西方人的生活方式。他高度赞扬中国古代技术发明对世界的影响:

火药、指南针、印刷术——这是预告资产阶级社会到来的三大发明。火药把骑士阶层炸得粉碎,指南针打开了世界市场并建立了殖民地,而印刷术则变成新教的工具,总的来说变成科学复兴的手段,变成对精神发展创造必要前提的最强大的杠杆。①

关于近代中国为什么会落伍,马克思认为直接原因是英国等西方列强的入侵,但从根本上说,是因为中国没有跟上时代潮流。时代潮流是什么?就是16世纪后,西方已经从农业经济转变为工业经济,中国社会则由于闭关自守而停滞不前,就像马克思1858年在《鸦片贸易史》一文中所写的:"一个人口几乎占人类三分之一的大帝国,不顾时势,安于现状,人为地隔绝于世并因此竭力以天朝尽善尽美的幻想自欺。这样一个帝国注定最后要在一场殊死的决斗中被打垮。"②对此,中国历史上第一位驻外使节郭嵩焘在其《使西纪程》里,有过许多相同的看法和观点。

关于经济方面,中国一直是自然经济,依靠小农业与家庭工业相结合而存在。到19世纪初,虽然仍是贸易大国,但经济结构是相当落后的,最终必然被先进的工业经济所打垮。按照马克思的理解和解说,这种自然经济抵触新的工业经济,始终是东方专制制度的牢固基础,"它们使人的头脑局限在极小的范围内,成为迷信的驯服工具,成为传统规则的奴隶,表现不出任何伟大的作为和历史首创精神。"③这是多么严肃、直接和真诚的批评,真是金钱无处可买,实属难能可贵。

在政治方面,中国长期实行封建专制制度,皇帝可以说是所有人的"父亲",而地方官则是他们所管辖地区人们的"父亲",维系"这个庞大的国家机器的各部分间的唯一的精神联系",就是"家长制权威"。

① 习近平:《为建设世界科技强国而奋斗——在全国科技创新大会、两院院士大会、中国科协第九次全国代表大会上的讲话》,《人民日报》2016年6月1日第2版。
② 《马克思恩格斯论中国》,人民出版社2018年版,第70—71页。
③ 《马克思恩格斯选集》第1卷,人民出版社2012年版,第853—854页。

　　在精神文化方面，中国的皇帝及其周围的大臣们常常墨守成规、安于现状；而中国的老百姓常常保守落后、性情柔弱、过于节俭，宁愿大量储存金子银子，用来买房置地，也不愿购买国外新产品。正因如此，中国这个东方古国已成为腐朽的、半文明的国家，统治者必然丧失统治权，而其人民也似乎必然要被西方的鸦片所麻醉，然后才能"从世代相传的愚昧状态中被唤醒"。

　　马克思、恩格斯撰写这些报纸文章时，正是太平天国运动席卷全国的时期。马克思对太平天国运动给予很高评价，认为这是"一场惊心动魄的革命"，不仅会动摇中国的封建专制制度，甚至会引发欧洲大陆的政治革命。马克思于是说：

　　　　中国革命将把火星抛到现今工业体系这个火药装得足而又足的地雷上，把酝酿已久的普遍危机引爆，这个普遍危机一扩展到国外，紧接而来的将是欧洲大陆的政治革命。①

　　当然，马克思也看到了太平天国运动的局限性。太平军具有宗教色彩，不知道自己的真正使命，而只想改朝换代。但他认为，中国人民的觉悟会随着革命斗争的发展而不断提高。1840 年至 1842 年的第一次鸦片战争时，中国民众还"保持着莫名其妙平静"，对战争漠不关心。但到 1856 年至 1860 年的第二次鸦片战争时，反抗外敌的情绪空前高涨。马克思这样描述："民众积极地而且是狂热地参加反对外国人的斗争"，这表明他们已觉悟到旧中国遇到极大的危险。

　　中国的未来如何？中国社会的前途怎样？在马克思、恩格斯看来，随着引进西方的先进生产力，中国旧的文明，即以农业和手工业相结合为基础的文明将被消灭，新的工业文明将建立起来。他们预见到，随着

① 《马克思恩格斯论中国》，人民出版社 2018 年版，第 11 页。

中国的发展,贫富两极分化现象将出现,人们将要求重新分配财产,甚至要求消灭私有制。因此,"中国社会主义"将出现,而且不同于"欧洲社会主义"。

这是多么天才的设想!那可是距今一百五六十年前。马克思、恩格斯还预见到,中国将对世界文明进程产生新的重大影响。恩格斯把这一思想作了一个极其精彩的表述:"过不了多少年,我们就会亲眼看到世界上最古老的帝国的垂死挣扎,看到整个亚洲新世纪的曙光。"①马克思、恩格斯期望中国革命和建设,能够促成世界性的资本主义文明的崩溃和社会主义新文明的诞生。

大家是否已折服于马克思、恩格斯对世界历史的深入观察和惊人的预见?那让我们再来看一个小小的震撼吧!不仅是宏观大势的把握,在相对具体的层面,也是令人惊叹的,马克思甚至预见到了太平洋经济中心时代的到来。

马克思是一位严谨科学的理论家,反对狭隘的西方中心主义,认为随着世界经济交往的增加,世界经济中心会转移。正像古代和中世纪地中海是中心,到18、19世纪大西洋是中心一样,随着美洲和亚洲航线的增多,太平洋两岸将会成为世界经济的中心,包括美国的旧金山、中国的广州/新加坡、澳大利亚的悉尼,都会变成人口稠密、贸易方便、工业发达的地区,到"那时,太平洋就会像大西洋在现代,地中海在古代和中世纪一样,起着伟大的世界水路交通线的作用;而大西洋的地位将要降低,而像现在的地中海那样只起一个内海的作用"。②

三、续写马克思主义中国化新篇章

在庆祝中国共产党成立100周年大会上,习近平总书记强调:"必

---

① 《马克思恩格斯论中国》,人民出版社2018年版,第66页。
② 《马克思恩格斯论中国》,人民出版社2018年版,第133页。

须继续推进马克思主义中国化。"①因为,中国共产党为什么能,中国特色社会主义为什么好,归根到底是因为马克思主义行! 一些思想缜密的人会问:什么是马克思主义中国化? 推进马克思主义中国化取得了哪些理论成果? 如何续写马克思主义中国化新篇章?

要回答什么是马克思主义中国化,必须回答中国共产党和中国人民为什么选择了马克思主义。180 多年前,英国对大清帝国发起的第一次鸦片战争以后,中国逐步沦为半殖民地半封建社会,国家蒙辱、人民蒙难、文明蒙尘,中华民族遭受了前所未有的劫难。为反抗帝国主义和封建主义的剥削压迫,中国人民虽然进行了不屈不挠的斗争,但是,无论是农民起义、自强运动、改良维新,还是资产阶级革命派领导的民主主义革命,各种阶级力量和各类政治派别的主张、努力无不以失败告终,终究没能完成救亡图存的历史使命。

既然封建的思想武器不管用,资产阶级的思想武器也不管用,旧的路走不通,先进的中国人就不得不去寻找新的思想武器和出路。俄国十月革命一声炮响,让中国人看到了运用马克思主义解救中国的光明前途。其实,早在十月革命以前,中国人就开启了如饥似渴向世界学习的艰难历程。在学习西方资产阶级学说的过程中,帝国主义一次次的入侵,正如"老师总是打学生",打破了中国人学习这一学说的梦想。于是,中国人开始关注批判西方资本主义的马克思主义学说。

作为"舶来品"的马克思主义,初来乍到,为何能服中国的水土? 1949 年,毛泽东在《唯心历史观的破产》一文中有过回答:"马克思列宁主义来到中国之所以发生这样大的作用,是因为中国的社会条件有了这种需要,是因为同中国人民革命的实践发生了联系,是因为被中国人民所掌握了。"②近代中国产生了官僚买办资产阶级和具有两重性的软弱的民族资产阶级,官僚买办资产阶级是维持旧制度的反动阶级,民族

---

① 习近平《在庆祝中国共产党成立 100 周年大会上的讲话》,人民出版社 2021 年版,第 12 页。
② 《毛泽东选集》第二卷,人民出版社 1991 年版,第 1515 页。

资产阶级由于自身的软弱性也不可能领导中国民主革命取得成功。封建统治阶级则千方百计维持旧的封建专制政权。中国的希望和未来，历史性地落在新的阶级力量肩上。20世纪20年代，代表中国先进生产力的工人阶级逐步成长起来，形成200万左右产业工人，成为中国共产党坚实的阶级基础，成为马克思主义与中国实际相结合深厚的社会基础。面对民族危亡的局面，一批先进知识分子如李大钊"感于国势之危迫，急思深研政理，求得挽救民族、振奋国群之良策"，立志为苦难的中国寻求出路。马克思主义变革世界的威力赢得中国先进知识分子的高度信赖，马克思主义的广泛传播为中国共产党的诞生奠定思想理论基础。

中国共产党和中国人民选择了马克思主义，还有其深层原因。马克思说："批判的武器当然不能代替武器的批判，物质力量只能用物质力量来摧毁；但是理论一经掌握群众，也会变成物质力量。"①科学理论一经掌握群众，就可以转变成改造世界的强大物质力量；作为物质力量体现的人民群众的变革实践推动理论的发展，是检验理论真理性的唯一标准。马克思主义在中国遇到了先进的工人阶级力量，遇到了能够生根、开花、结果的土壤和条件。中国工人阶级找到了马克思主义这一思想武器，中国革命的主客观条件需要马克思主义，马克思主义的真理性与中国社会的内在需求高度契合。马克思主义传到中国，为中国人民所接受、所运用，成为中国人民改造世界的强大思想武器。正因如此，也就有了马克思主义中国化的必然性。

那么，马克思主义中国化与马克思主义中国化时代化，与马克思主义中国化时代化大众化又是什么区别呢？实际上，这是同一个概念在不同地方的不同表述而已。马克思主义中国化时代化大众化，核心是中国化，关键是时代化，基础是大众化，三者有机统一于中国革命、建设、改革的历史进程中，成为指引中国革命、建设、改革不断从胜利走向

---

① 《马克思恩格斯选集》第1卷，人民出版社2012年版，第9页。

胜利的科学理论,推动当代中国实现了从赶上时代到引领时代的历史性跨越和伟大社会变革。

 布袋小知识

　　马克思主义中国化,是指坚持把马克思主义基本原理同中国具体实际相结合、同中华优秀传统文化相结合,运用马克思主义的立场观点方法,研究和解决中国革命、建设、改革不同历史时期的实际问题,形成具有中国特色、中国风格、中国气派的中国化马克思主义。

　　马克思主义时代化,是指把马克思主义基本原理同时代特征、时代主题、时代精神相结合,不断吸收新的时代内容,使马克思主义与时代发展同步伐、同进步。

　　马克思主义大众化,是指把马克思主义的基本原理、基本观点等通俗化、具体化,使之更好为人民群众所理解、所接受并自觉加以运用,"飞入寻常百姓家"。

　　马克思主义中国化,真可谓"一言兴邦"!以毛泽东同志为主要代表的中国共产党人,在把马克思列宁主义基本原理同中国革命具体实践相结合过程中,在同教条主义、经验主义等错误倾向进行斗争中,创立了毛泽东思想,实现了马克思主义中国化的第一次历史性飞跃,为中国革命和建设实践提供了正确思想指导。改革开放新时期,中国共产党坚持马克思主义基本原理,继承和发展毛泽东思想,紧密联系中国实际和时代特征,创立了邓小平理论,形成了"三个代表"重要思想、科学发展观,实现了马克思主义中国化的第二次历史性飞跃,为推进改革开放和社会主义现代化建设提供了科学指南。

　　党的十八大以来,以习近平同志为主要代表的中国共产党人,坚持把马克思主义基本原理同中国具体实际相结合、同中华优秀传统文化相结合,坚持毛泽东思想、邓小平理论、"三个代表"重要思想、科学发展观,深刻总结并充分运用党成立以来的历史经验,从新的实际出发,创立了习近平新时代中国特色社会主义思想。思想就是旗帜,旗帜就是力量。习近平新时代中国特色社会主义思想是当代中国马克思主义、二十一世纪马克思主义,是中华文化和中国精神的时代精华,实现了马克思主义中国化新的飞跃。作为习近平新时代中国特色社会主义思想的主要创立者,习近平对关系新时代党和国家事业发展的一系列重大理论和实践问题进行了深邃思考和科学判断,就新时代坚持和发展什么样的中国特色社会主义、怎样坚持和发展中国特色社会主义,建设什么样的社会主义现代化强国、怎样建设社会主义现代化强国,建设什么样的长期执政的马克思主义政党、怎样建设长期执政的马克思主义政党等重大时代课题,提出一系列原创性的治国理政新理念新思想新战略,推动党和国家事业取得历史性成就、发生历史性变革。

全面建成社会主义现代强国、实现中华民族伟大复兴的中国梦,必须高举马克思主义、中国特色社会主义伟大旗帜不动摇,必须坚持习近平新时代中国特色社会主义思想指导地位不动摇,以更加宽阔的眼界审视马克思主义在当代发展的现实基础和实践需要,坚持把马克思主义基本原理同中国具体实际相结合、同中华优秀传统文化相结合,用马克思主义观察时代、把握时代、引领时代,继续发展当代中国马克思主义、21世纪马克思主义,续写马克思主义中国化新篇章。

习近平总书记指出:"坚持以马克思主义为指导,必须落到研究我国发展和我们党执政面临的重大理论和实践问题上来,落到提出解决问题的正确思路和有效办法上来。"①要把历史与现实、国内与国际结合起来,立足新时代、放眼全世界,以我们正在做的事情为中心来推进、来落实。为此,我们要既弄懂新时代中国从哪里来,又要清楚新时代中国在哪里,还弄清新时代中国到哪里去。

---

① 习近平:《论党的宣传思想工作》,中央文献出版社2020年版,第225页。

在《共产党宣言》中,马克思、恩格斯最先提出人类历史上第一轮经济全球化的到来,虽然当时没有使用"经济全球化"这个概念,但从那以后,经济全球化已经历经 3 轮、正在迎来新一轮,而且都与中国的命运紧密相连。

第一轮经济全球化始于 16 世纪,盛于 18 世纪中叶。当时的大清帝国夜郎自大,不知道去推动工业革命,错失经济全球化带来的重大发展机遇。正是从那时起,为了救亡图存和振兴发展,从近代中国"睁眼看世界的第一人"林则徐,到领导辛亥革命的伟大革命先行者孙中山,可歌可泣的战斗从未止息。辛亥革命虽然未能改变旧中国的社会性质和人民的悲惨境遇,未能扭转国势衰败,但为中国的进步和发展打开了闸门。

第二轮经济全球化始于 19 世纪末 20 世纪初,西方资本主义国家进入金融资本统治的帝国主义阶段。在帝国主义列强分割和大规模侵略战争威胁下,中国有志之士前仆后继、奋勇革命。正是在这个时候,中国共产党应运而生。在以毛泽东同志为主要代表的中国共产党人的坚强领导下,建立起人民当家作主的中华人民共和国,实现民族独立和人民解放,确立社会主义基本制度,推进社会主义建设,中国共产党人带领全国各族人民战胜一个又一个困难,取得一个又一个胜利。

第三轮经济全球化始于 20 世纪 70 年代末 80 年代初,美国在越南战争中失败,苏联在阿富汗战争中受挫,世界逐渐进入以和平、发展为时代主题的新格局。在高新科技革命的推动下,信息、资本和商品在全球的流动加快,跨国公司迅速发展。中国共产党人抓住新的时机,在总结历史经验的基础上,开创了中国特色社会主义道路。

经过长期努力,中国特色社会主义进入了新时代,这是我国发展新的历史方位。弄懂了新时代中国从哪里来,更应当清楚新时代中国在哪里,新时代中国要到哪里去。这就需要了解当今中国所处的历史方位,了解当今世界尤其是经济全球化所处的历史方位。简言之,就是理解统筹国内国际两个大局。

新时代中国是从长期努力中走出来的,作为世界最大发展中国家,全面建成小康社会后,就是要为全面建成富强民主文明和谐美丽的社会主义现代化强国而奋斗。党的十九大制定了实现这一宏伟目标的行动纲领和路线图,我们要清醒地看到,我国虽然已成为世界第二大经济体,2021年国内生产总值达到114.4万亿元,按年平均汇率折算达到17.7万亿美元,占世界经济比重达到18%左右;人均国内生产总值超过1.2万美元,稳居中等偏上收入国家行列;但与西方发达国家相比,人均收入仍然较低,尤其是我国城乡之间、区域之间,无论是在发展水平还是在居民收入等方面的差距依然较大。这就是说,新时代中国是一个正在走向强起来的发展中大国,也是一个正在为中国人民过上更加美好生活而奋斗的发展中大国。

当今国际大局是,第三轮经济全球化已有40多年,新一轮经济全球化正向中国走来。改革开放以来,中国坚持对外开放的基本国策,打开国门搞建设,实现了从封闭半封闭到全方位开放的伟大历史转折。在改革开放深入推进的过程中,中国积极主动地融入经济全球化,充分利用国内国际两个市场、两种资源,加快完善社会主义市场经济体制,加强产权和知识产权保护,深化要素市场化配置改革,市场配置资源功能持续增强。比如,"放管服"改革成效明显,中国营商环境全球排名由2017年的第78位上升至2019年的第31位。又如,对外开放水平提高,2021年中国货物进出口总额达到39.1万亿元,同比逆势暴涨21.4%,货物贸易第一大国地位进一步巩固;中国实际使用外资进一步增长,达到1.1万亿美元,成为全球新增外商直接投资的第一大目的地。

40多年来,中国大踏步赶上时代,书写了中国特色社会主义的精彩华章,中华大地展现出一派欣欣向荣的景象,中国的面貌、中国人民的面貌发生了翻天覆地的变化,中华民族比历史上任何时期都更接近、更有信心和能力实现民族复兴的目标。这与中国长期坚持对外开放的基本国策是密不可分的,是功不可没的。对外开放不仅发展了自己,也造福了世界,中国对世界经济增长的贡献率连续多年达到30%以上,已成为世界最大市场之一。

40多年经济全球化带来40多年经济大发展大繁荣,也带来40多年问题大积累大爆发。近年来,一些国家单边主义、贸易保护主义抬头,逆全球化暗流涌动,已成为世界经济发展最大的不稳定不确定因素。当前的一个突出问题是:有一种顽固的论调,以经济全球化的缺陷为借口而根本否定经济全球化,甚至把自己遇到的问题和困难归咎到别人头上。这显然是十分错误和非常有害的。

开放是世界大势、时代潮流。然而,经济全球化走到新的十字路口,国际社会面临要开放还是要封闭、要合作还是要对抗、要共赢还是要独占的重大抉择。在这一历史关口,中国开放的大门不但不会关闭,而且只会越开越大。这是一个负责任大国坚定做世界和平建设者、全球发展贡献者、国际秩序维护者的使命担当,为共建创新包容的开放型世界经济注入了强劲动力。

经济全球化不仅不会逆转,而且在拓展、在深化。世界发展历史告诉人们,开放兴盛世,开放出强国。第二次世界大战后,经济全球化大潮兴起,生产的国际化程度空前提高,各国经济联系日益紧密。世界银行2008年发布的一份报告显示,全球有13个经济体实现了持续25年以上的高速增长,它们的共同特征是实行对外开放。可见,在经济全球化深入发展、各国经济加速融合的时代条件下,只有打开国门搞建设,把一国发展置于广阔的国际空间来谋划,才能创造更多发展机遇、更大发展空间,才能充分发挥比较优势,创造更多财富,实现更大发展。

开放带来进步、封闭导致落后,这已为古今中外的发展实践所证明。汉唐盛世堪称中国古代史上最为强盛的时期,也是最为开放包容的时期。坚持开放包容、推进中外文明交流互鉴,正是促成汉唐盛世的重要因素。到了晚清,中国国力之所以一落千丈,最终沦为半殖民地半封建社会,究其原因,一个主要方面是固步自封、闭关锁国造成了思想僵化、活力丧失、发展停滞。

当今世界,新一轮经济全球化正在向我们招手、一路走来。中国倡议的"一带一路"建设,提出的构建人类命运共同体理念,让经济全球化有希望从过去 400 年在大西洋、太平洋兴起的海洋经济全球化,逐步推进到海洋经济同内陆经济打通的全方位经济全球化。

面对单边主义、贸易保护主义,最有效的应对策略是进一步扩大开放,全面激荡开放发展的时代潮流。进入新时代,中国对外开放迈出新的重大步伐,市场准入持续放宽,营商环境显著改善,自由贸易试验区建设稳步推进,共建"一带一路"的朋友圈不断扩大,平等互惠、合作共赢理念得到国际社会广泛响应和支持。事实一再证明,经济全球化时代,没有哪个国家可以独善其身,也没有哪个国家可以包打天下,只有树立人类命运共同体意识,世界才会有更加美好的明天。

回顾历史,开放合作是增强国际经贸活力的重要动力;立足当今,开放合作是推动世界经济稳定复苏的现实要求;放眼未来,开放合作是促进人类社会不断进步的时代要求。正是基于对世界经济发展规律和人类社会发展规律的深刻认识,中国推动更高水平开放的脚步不会停滞,推动建设开放型世界经济的脚步不会停滞,推动构建人类命运共同体的脚步不会停滞!

历史的发展是何等有意思,何等有趣味!当前世界正迎来新一轮经济全球化,中国特色社会主义进入新时代。新一轮与新时代,这"两新"相会,相得益彰,交相辉映。

新时代中国要到哪里去?党的十九大树立起前进的路标:2035 年基本实现社会主义现代化,2050 年全面建成社会主义现代化强国。

"踏遍青山人未老,风景这边独好",这是何等的气魄,何等的自信!对于中国的发展进步和美好前景,大多数人看好叫好,但也有一些人烦恼气恼。凡此种种,不足为怪。中国人有自己的战略目标和战略定力,也有驾驭和平、发展、合作、共赢和经济全球化复杂局面的能力。

中国人始终认为,世界好中国才能好,中国好世界才更好。中国维护世界和平的决心不会改变,中国促进共同发展的决心不会改变,中国打造伙伴关系的决心不会改变,中国支持多边主义的决心不会改变。这"四个不会改变",向全世界表明了中国坚定不移走和平发展道路的立场和自信。

数百年前,中国强盛到国内生产总值占世界 30% 的时候,也未对外侵略扩张。近代以来,曾深受列强侵略苦难的中国人民更加确信,只有和平安宁才能繁荣发展。无论中国发展到哪一步,中国永不称霸、永不扩张、永不谋求势力范围;但中国人绝不接受"教师爷"般颐指气使的说教! 中国共产党和中国人民将在自己选择的道路上昂首阔步走下去,把中国发展进步的命运牢牢掌握在自己手中!

1981 年,党的十一届六中全会通过的《关于建国以来党的若干历史问题的决议》提出一项重大命题:具有中国共产党人特色的立场、观点和方法。这一重大决议还指出实事求是、群众路线、独立自主,是这一重大命题的三个基本方面。

实事求是、群众路线、独立自主,不是毛泽东思想"活的灵魂"吗?回答是正确又肯定的。所以用数学同类可证法不难得出,没有中国共产党人特色的立场、观点和方法,也就没有毛泽东思想关于新民主主义的战略策略,也不会有中国特色社会主义道路、理论、制度和文化。具有中国共产党人特色的立场、观点和方法,正是贯穿于中国化马克思主义的"活的灵魂"。

有人说不定在想,中国特色社会主义进入新时代,重提这项重大命题又有什么样的现实意义和当今价值呢?

党的十九大报告提出:今天,我们比历史上任何时期都更接近、更有信心和能力实现中华民族伟大复兴的目标。这是正确的判断。但我们还要清醒地认识到:对于实现中华民族伟大复兴的中国梦来讲,中华民族面临的是"最后的机遇"。此时此刻,我们必须强调始终不渝地坚持具有中国共产党人特色的立场、观点和方法。

历史是最好的教科书,也是最好的清醒剂。回溯改革开放以来的历史,应该说能真正称得上"最后"级别的机遇仅有 3 次。

第一次是 1976 年"文化大革命"结束后，我们如果不抓住拨乱反正这个"最后的机遇"，果断摒弃以阶级斗争为纲的基本路线，实现全党工作重点战略转移，就不会有我国改革开放和社会主义现代化的大发展。对外开放既是中国同世界各国实现合作共赢的根本之道，也是中国经济持续繁荣发展的必由之路。

第二次是 1989 年东欧剧变、苏联解体后，如果不抓住继续改革开放这个"最后的机遇"，建立和完善社会主义市场经济体制，全面参与经济全球化，就不会有今天世界第二大经济体、第一制造业大国、第一大货物进出口国的地位；到 2021 年，现行标准下我国 7 亿多农村贫困人口就不会成功脱贫，人民生活水平也不可能提高十几倍。

第三次是面对当今世界出现的逆经济全球化思潮，如果不抓住新一轮经济全球化和中国经济的结构性转型这个"最后的机遇"，同心同德，齐心协力，贯彻落实党的十九大提出的方略、战略和举措，就难以继全面建成小康社会后，进而全面建成社会主义现代化强国，就会同即将到来的中华民族伟大复兴中国梦失之交臂。

机不可失，时不再来。面对今天"最后的机遇"，面对新的种种可以预料和难以预料的巨大困难和严峻挑战，我们必须坚持具有中国共产党人特色的立场、观点和方法，紧密团结在以习近平同志为核心的党中央周围，以习近平新时代中国特色社会主义思想为行动指南，创造性地开展工作，真正干出一个新时代的中国特色社会主义来！